Paciência com Deus

TOMÁŠ HALÍK

Paciência com Deus

Oportunidade para um encontro

Dados Internacionais de Catalogação na Publicação (CIP)
(Câmara Brasileira do Livro, SP, Brasil)

Halík, Tomáš
  Paciência com Deus : oportunidade para um encontro / Tomáš Halík ; [tradução Paulinas Editora Prior Velho, Portugal]. – São Paulo : Paulinas, 2015. – (Coleção no espírito)

  Título original: Vzdáleným Nablízku.
  ISBN 978-85-356-3858-5

  1. Deus 2. Fé 3. Vida cristã I. Título. II. Série.

14-12215   CDD-231.72

Índice para catálogo sistemático:
  1. Deus : Teologia : Cristianismo   231.72

Título original da obra: *Vzdáleným Nablízku*
© 2007 Tomáš Halík – Praga

1ª edição – 2015
2ª reimpressão – 2022

Direção-geral:	Bernadete Boff
Editores responsáveis:	Vera Ivanise Bombonatto e Afonso M. L. Soares
Tradução:	© 2012, Paulinas Editora – Prior Velho, Portugal
Copidesque:	Ana Cecilia Mari
Coordenação de revisão:	Marina Mendonça
Revisão:	Sandra Sinzato
Gerente de produção:	Felício Calegaro Neto
Projeto gráfico:	Manuel Rebelato Miramontes

Nenhuma parte desta obra poderá ser reproduzida ou transmitida por qualquer forma e/ou quaisquer meios (eletrônico ou mecânico, incluindo fotocópia e gravação) ou arquivada em qualquer sistema ou banco de dados sem permissão escrita da Editora. Direitos reservados.

Paulinas
Rua Dona Inácia Uchoa, 62
04110-020 – São Paulo – SP (Brasil)
Tel.: (11) 2125-3500
http://www.paulinas.com.br – editora@paulinas.com.br
Telemarketing e SAC: 0800-7010081
© Pia Sociedade Filhas de São Paulo – São Paulo, 2015

*O profeta refere-se a alguns homens que dizem:
"Quando vos disserem: vós não sois nossos irmãos,
deveis responder-lhes: vós sois nossos irmãos".
Considerai em quem estaria ele a pensar
ao proferir tais palavras.*
Santo Agostinho

*Paciência com os outros é Amor;
Paciência consigo mesmo é Esperança;
Paciência com Deus é Fé.*
Adel Bestavros

*Por amor a Deus aceito até os
pensamentos mais estranhos.*
Santa Teresa de Lisieux

*Um dos prazeres mais refinados do amor humano
– servir a pessoa amada sem que esta o saiba –
no que diz respeito ao amor a Deus,
só é possível, através do ateísmo.*
Simone Weil

Sumário

Prefácio 9

Introdução 15

Capítulo 1 – Interpelando Zaqueu 25

Capítulo 2 – Bem-aventurados os distantes 37

Capítulo 3 – Longe de todos os sóis 49

Capítulo 4 – De pés descalços 71

Capítulo 5 – A disputa sobre a beleza de Dulcineia de Toboso 93

Capítulo 6 – Uma carta 113

Capítulo 7 – Um Deus desconhecido, mas demasiado próximo 131

Capítulo 8 – O espelho da Páscoa 145

Capítulo 9 – Tempo para juntar pedras 163

Capítulo 10 – Tempo para curar 185

Capítulo 11 – São Zaqueu 207

Capítulo 12 – O eterno Zaqueu 217

Prefácio

> Zaqueu no sicômoro
> é o fruto novo da nova estação.
> **Santo Ambrósio**

Creio que os Evangelhos só por uma vez dão notícia da estatura de um dos seus muitos protagonistas. Isto é motivo para uma legítima estranheza. Atendendo à delicadeza da narrativa dos evangelistas e à sua comprovada atenção ao simbolismo desses pequenos detalhes, esperava-se que este elemento fosse mais explorado do que na realidade o é. É certo que dos pequenos se fala bastante nos Evangelhos, sejam eles as crianças – modelos de discipulado e autênticos cidadãos do Reino –, sejam eles os bem-aventurados de Jesus. Do próprio Jesus se diz crescer em "estatura e graça". Mas, sobre a estatura de alguém, só se fala mesmo de uma: a do pequeno Zaqueu, o cobrador de impostos que procurava ver Jesus. A singularidade desta referência dá ao episódio de Zaqueu uma sugestividade ainda maior, fazendo dele a grande resposta neotestamentária a uma questão que o Cristianismo não pode calar: como estar à altura de Jesus?

A uma mentalidade eclesiocêntrica, tal pergunta ressoa quase imediatamente: como os outros podem estar à altura do Evangelho, da mensagem cristã, do ensino da Igreja? Tenho de reconhecer que há nesta questão qualquer coisa disso. Mas permanecer com esta ideia é pouco, muito pouco. Estar à altura de Jesus não é apenas um desafio lançado para fora. É, antes de tudo, um desafio lançado aos cristãos: como eles podem estar à altura do Evangelho que testemunham? Mas também: como eles podem estar à altura daqueles que procuram ver Jesus? Na verdade, é de um encontro de estaturas que fala o relato evangélico: Jesus, ao fazer-se hóspede daquele homem oscilante entre a pequenez da sua estatura e a altura do sicômoro/figueira,[1] nivela-se com ele para o nivelar consigo.

Seguir Halík nestas suas pacientes reflexões não é apenas revisitar essa página do Evangelho, mas muito mais um deixar-se visitar por ela. Ele nos oferece uma *compositio loci* invertida, com a qual procura que o leitor se veja na cena bíblica (ao bom jeito inaciano), e que essa cena irrompa na hora presente. Não é o leitor que se faz contemporâneo de Zaqueu. É este que teimosamente permanece no cimo do sicômoro/figueira à espera de ver uma boa-nova passar.

Zaqueu é, aqui, muito mais que ele próprio. Ele é símbolo de uma procura, de um desassossego. Ou melhor, é símbolo de quantos vivem de maneira desassossegada em atitude de procura. É assim que Halík o vê: como ícone dos "buscadores", dos "espreitadores". Os traços de sua personalidade e as circunstâncias daquele seu encontro tornam-se uma parábola aberta do que também hoje significa "procurar ver Jesus". Mesmo quando esses "buscadores" não chamam Jesus àquilo que procuram. Mesmo se não é de todo Jesus que eles procuram. A sua discreta curiosidade, aquela esperança muda, a timidez que o traz a distância, o saber-se estranho à multidão que tutela Jesus, a perspectiva diferente que tem sobre aquelas realidades descrevem o modo como muitos vivem procurando. Hoje, em número cada vez maior. Simultaneamente disponíveis para Jesus, mas achando-se demasiado pequenos para esse encontro. Aqueles que já Henri de Lubac, mas também Halík têm por "semicrentes".[2] É difícil para a Igreja compreender estes Zaqueus de que nos fala Halík. É sobre essas pessoas à margem do grande cortejo de Jesus que ele concentra a sua atenção. Este não é, pois, mais um texto nem sobre a crença nem sobre a descrença. É um texto sobre o que está nos interstícios dessa dialética: essa imensa "terra do meio" habitada por uma crescente massa de gente à procura.

---

[1] O termo corrente em português é sicômoro. Neste livro, porém, o autor tem em consideração o fato de esta árvore ser uma espécie de figueira brava, pelo que fala constantemente de "figueira" ou de "árvore de figos", sendo este uso deixado pela tradução. (N.E.)

[2] Cf. H. de Lubac, *Paradoxes*, Paris, Seuil, 1958, p. 187.

Este abraço de Halík a todos os Zaqueus distingue-se pelo *horizonte*, pela *perspectiva* e pelo *estilo* com que os olha nos olhos:

Horizonte: olhar para as margens – Talvez o que mais impressione em Halík seja esta sua delicada atenção a quem se conserva a distância, tudo observando num circunspecto silêncio. Impressiona pelo que revela acerca do autor. Impressiona ainda mais pela raridade de tal gesto. Na voragem da comunicação moderna, onde o (ab)uso da imagem e da palavra vai ao limite da sua própria corrupção; na contemporânea necessidade de aparecer para sobreviver, facilmente se empurram para as margens os tímidos, os inseguros, os discretos, os calados. Halík faz dessas margens – dos que nelas se escondem – os protagonistas. Algo pouco comum, mesmo no discurso eclesial. Faz deles personagens principais não apenas para lembrar esses que parecem preferir que os esqueçam. Faz desse modo para que seja compreendida a lição desses Zaqueus: a inquietude interior, o espírito de busca não são um opcional do itinerário da fé. O crente que se esquece disto vai mal. Mas se, ainda assim, tal lapso de memória sobrevier, então que sejam observadas essas margens e fixe-se o olhar nesses Zaqueus, pois eles são no mundo como que sacramentos da busca de Deus.

Perspectiva: o Evangelho como hermenêutica dos paradoxos da vida – Estamos (e bem) habituados a olhar o Evangelho como o mapa que nos descreve o céu. Menos habituados estaremos em ver também nele a gramática que nos interpreta o mundo. Pois é assim que o Cristianismo surge no discurso de Halík: como justa gramática da vida. O Cristianismo insinua-se aqui como uma hermenêutica válida das luzes e sombras do nosso viver. Essa gramática tem na paciência a sua grande regra. Paciência que não é aqui uma virtude moral, mas uma atitude intelectual: perante os paradoxos da vida há que suster o juízo precipitado e dar tempo para que a verdade que assim se esconde se possa revelar. O Jesus de Halík é, pois, um "mestre do paradoxo". Deus ama os paradoxos. A Bíblia é o livro dos paradoxos. O Cristianismo, o lugar onde o dramático paradoxo do Deus revelado e oculto se esclarece, sem, contudo, se resolver ou dissolver. O que qualifica o Cristianismo como justa hermenêutica é a sua paciência para com o paradoxo. Tanto o paradoxo do mundo como o paradoxo de Deus. Acolhe-o sem querer desembaraçar-se dele. Ou não será verdade aquilo que bem percebeu Kierkegaard: "Quando o entendimento quer apiedar-se do paradoxo e ajudá-lo a chegar a uma explicação, o paradoxo não se presta a isso?".[3] Também Henri de Lubac se deixara tocar pela dinâmica do paradoxo inscrita nos caminhos de Deus e do Homem: "O Evangelho está cheio de paradoxos; o Homem é, em si próprio, um paradoxo vivo; e, no dizer dos Padres da Igreja, a Encarnação é o paradoxo supremo".[4] Halík está, pois, bem acompanhado. Com voz humilde, ele propõe o Cristianismo como a perspectiva que torna o paradoxo vivível. O Cristianismo vive no paradoxo. Não promete acabar com ele. Pelo contrário, oferece-se para, com paciência, percorrer com todos os Zaqueus essa dura, mas incontornável faceta da vida.

Estilo: registro sapiencial – Tempos de crise parecem ser propícios à revitalização de um modo sapiencial de olhar a vida. Também por isto se distingue a reflexão de Halík. Oriundo de um país onde, por decénios, a fé foi perseguida, e que hoje surge como um dos países mais ateus do mundo, ele é alguém na linha de frente de muitas crises. Talvez por isso ele saiba que a cultura ocidental, estafada que está de argumentações grandiloquentes, precisa de uma verdade grandiosa, de uma sabedoria para a vida. É neste registo que Halík nos convida a entrar nestas suas reflexões. Às vezes quase avulsas. Reflexões que se desenvolvem em jeito circular, onde temas e autores vão se encadeando de um modo imprevisível para o leitor. Reflexões onde se entabulam diálogos surpreendentes, como entre Teresa de Lisieux, Lutero e Nietzsche, ou entre a Virgem Maria e Dulcineia

---

[3] S. Kierkegaard, *Migalhas filosóficas*, Lisboa, Relógio d'Água, 2012, p. 106.
[4] H. de Lubac, *Paradoxes*, p. 8.

de Toboso, quais tipos da Igreja. Reflexões que misturam temas aparentemente distantes como o ateísmo e a comunicação social, o silêncio de Deus e o terrorismo, a espiritualidade e as sociedades pós-comunistas do Leste europeu, a política e a teologia. Tudo relido em chave autobiográfica, como é próprio da literatura sapiencial. Com frequência, mais em registro interrogativo que declarativo. Atuando sempre esse princípio aprendido de Hans Urs von Balthasar, e que havia hoje de ser gravado em letras de fogo (sobretudo entre os crentes): devemos "saquear os egípcios", isto é, não ter receio de importar da gentilidade o que nela há de bom. Princípio que, no fundo, recua àquele que será o grande mestre de Halík, São Paulo: "Examinai tudo, guardai o que é bom" (1Ts 5,21).

O grande desafio com que o Cristianismo se vê hoje confrontado não é o da sua sobrevivência, mas o da sua relevância. Como tornar relevante o Evangelho? Como tornar significativa a experiência cristã? Se esta é uma sua questão de sempre, que seja ainda mais nas nossas sociedades democráticas e plurais. Aí o mercado das propostas de sentido inflacionou-se.

O Cristianismo já não surge como o horizonte hegemônico que dá coesão e solidez aos tecidos sociais e aos percursos individuais. Querendo ou não, a lógica econômica do mercado estendeu-se ao debate cultural. Neste, o Cristianismo é um ator incontornável, mas um ator em palco com muitos outros atores, porventura mais novos e que, talvez por isso mesmo, parecem exercer aquele fascínio que a juventude sempre desperta.

O grande desafio do Cristianismo é, pois, o de encontrar a sua voz neste concerto cultural. Daí que o rigor doutrinal, a exigência moral, a influência social ou a pureza litúrgica não podem ser as grandes questões da Igreja, hoje. Não que tais temas não tenham a sua importância. Têm-na. Todavia eles são subsidiários dessa questão maior, com mais alcance e impacto de futuro: como (re)descobrir o Evangelho de Jesus como uma hermenêutica válida da vida, como inspiração de um modo bom e belo, verdadeiro e justo de viver? Fazer com que a vida esteja à altura do Evangelho supõe, também, este sempre inconcluso trabalho de fazer com que o anúncio do Evangelho esteja à altura da vida.

Quando Santo Ambrósio se referia a Zaqueu como o "fruto novo da nova estação",[5] talvez não suspeitasse da perenidade desta afirmação. Para o santo de Milão, tal era a expressão do elo que reconhecia entre a Páscoa de Cristo e a páscoa/passagem de Zaqueu. O primeiro suspenso na cruz. O segundo pendurado no sicômoro/figueira. Tempos novos, porém, trouxeram também a este comentário (e não apenas à narrativa bíblica) um alcance novo. Zaqueu é hoje, sim, o "fruto novo" de um mundo que não cessa de procurar algo que lhe levante o olhar, mesmo quando essa busca se faz mais pelos caminhos das cidades que no interior dos templos. Talvez o louvor que ele presta a Deus seja o daquele "aleluia" *frio* e *débil*, soberanamente cantado por Leonard Cohen. Bem-vistas as coisas, já não é pouco.

Zaqueu é hoje, sim, o sinal de uma "nova estação" para a Igreja. A estação que a faz ir ao encontro, muito mais que esperar ser encontrada. A estação em que, no fundo, o universo cristão do sagrado desce ao terreno do profano, não como contradição da sua identidade, mas como seguimento e continuação do gesto do seu Senhor. A estação, pois, de estar à altura desse abraço de Deus à humanidade que tem na história um nome: Jesus Cristo.

ALEXANDRE PALMA
Professor na Faculdade de Teologia da Universidade Católica
e membro da equipe formadora do Seminário dos Olivais.
É pesquisador do Centro de Estudos Religiões e Culturas (CERC)
e integra a redação da edição portuguesa da revista *Communio*.

---

[5] AMBROISE DE MILAN, *Traité sur l'Évangile de S. Luc*, VIII, 90 (SC 52); Paris, Cerf, 1958, p. 138.

Introdução

Concordo com os ateus em muitas coisas, muitas vezes em quase tudo... Exceto no que diz respeito à sua não crença de que Deus existe.

Perante o bulício mercantil de artigos religiosos de todo o gênero, eu, com a minha fé cristã, por vezes, sinto-me mais próximo dos céticos, dos ateus, dos agnósticos, críticos de religião.

Com certo tipo de ateus, partilho um sentimento de ausência de Deus no mundo. Contudo, considero a sua interpretação de tal sentimento demasiado precipitada, como que uma expressão de impaciência. Muitas vezes também me sinto oprimido pelo silêncio de Deus e pela sensação do afastamento divino. Percebo que a natureza ambivalente do mundo e dos inúmeros paradoxos da vida pode dar origem a expressões tais como "Deus morreu", para explicar o fato do ocultamento de Deus. No entanto, também consigo encontrar outras interpretações possíveis da mesma experiência e outra atitude possível diante do "Deus ausente". Conheço três formas de paciência (mútua e profundamente interligadas) para confrontar a ausência de Deus. São elas: a *fé*, a *esperança* e o *amor*.

Sim, a paciência é aquilo que considero a principal diferença entre fé e ateísmo. Aquilo que o ateísmo, o fundamentalismo religioso e o entusiasmo por uma fé demasiado fácil têm em comum é a rapidez com que se abstraem do mistério ao qual chamamos Deus – e é por isso que as três abordagens são para mim igualmente inaceitáveis. Nunca se deve considerar o mistério resolvido. O mistério, ao contrário de um mero dilema, não pode ser resolvido; há que esperar com paciência no seu limiar, perseverando aí – há que guardá-lo no coração, como fazia a Mãe de Jesus, segundo o Evangelho –, deixando-o amadurecer para que, a seu tempo, nos leve à maturidade.

Eu também nunca seria levado à fé pelas "provas da existência de Deus" presentes em muitos compêndios piedosos. Se os sinais da presença de Deus estiverem ao nosso alcance, à superfície do mundo, como alguns fanáticos religiosos gostam de pensar, não haveria necessidade de uma verdadeira fé. Sim, também há um tipo de fé que brota da simples alegria e encanto diante do mundo e de sua forma de ser – uma fé, talvez, suspeita de ingenuidade, mas cuja sinceridade e autenticidade não podem ser negadas. A fé desta variedade alegre e luminosa acompanha, com frequência, o "encanto" inicial dos recém-convertidos, ou brilha de repente, de forma inesperada, em momentos preciosos da caminhada da vida, por vezes até nas profundezas da dor. Talvez se trate de um "antegozo" da invejável liberdade presente na fase suprema da nossa caminhada espiritual, o momento da afirmação final e total da vida e do mundo. É essa afirmação que, por vezes, ouvimos ser descrita como *via unitiva* ou *amor fati*, como a união mística da alma com Deus, ou como uma compreensiva e alegre aprovação do próprio destino no sentido do Zaratustra de Nietzsche: "Era esta... vida?... Bem... outra vez!...".

Por outro lado, estou convencido de que amadurecer na própria fé também implica aceitar e suportar momentos – e, por vezes, até longos períodos – em que Deus se mantém afastado ou parece ter-se escondido. O que é óbvio e demonstrável não requer a fé.

Nós não precisamos ter fé quando somos confrontados com certezas inabaláveis, acessíveis às nossas capacidades de razão, de imaginação ou de experiência sensorial. Precisamos da fé, precisamente, naqueles momentos crepusculares em que as nossas vidas e o mundo estão cheios de incerteza, durante a fria noite do silêncio de Deus. E a sua função não é trocar a nossa sede por certeza e segurança, mas *ensinar-nos a viver com o mistério*. A fé e a esperança são expressões da nossa paciência, precisamente nesses momentos – e o amor também o é.

O amor sem paciência não é verdadeiro amor. Eu diria que isto se aplica tanto ao "amor carnal" como ao "amor a Deus", se não tivesse a certeza de que, na realidade, existe apenas um amor, que, por sua natureza, é único, indiviso e indivisível. A fé – tal como o amor – está inseparavelmente ligada à confiança e à fidelidade. E a confiança e a fidelidade provam-se pela paciência.

Fé, esperança e *amor* são três aspectos da nossa paciência com Deus; são três formas de reconciliação com a experiência do ocultamento de Deus. Oferecem, por isso, um caminho claramente diferente tanto do ateísmo como da "crença fácil". Em comparação com esses dois atalhos muitas vezes propostos, porém, o seu caminho é, na verdade, bastante longo. Tal como o êxodo dos israelitas, é uma caminhada que atravessa vastidões desertas e tenebrosas. Além disso, é verdade que, de vez em quando, o rumo também se perde; é uma peregrinação que implica constante busca e um perder-se, por vezes. Sim, ocasionalmente, temos de descer ao abismo mais profundo e ao vale das sombras para reencontrar o caminho. Contudo, se o caminho não conduzisse para este local, não seria caminho para Deus; Deus não mora na superfície.

Segundo a teologia tradicional, bastava à razão humana contemplar a criação do mundo para se convencer da existência de Deus – trata-se de uma afirmação com a qual, obviamente, ainda hoje podemos concordar. (Ou, mais precisamente, a razão é capaz de chegar a essa conclusão; apesar disso, o mundo é uma realidade ambivalente, que admite teoricamente outras perspectivas – e só pelo fato de a razão humana "ser capaz" de alguma coisa, isso não significa que a razão de cada indivíduo tenha de utilizar essa capacidade.) No entanto, a teologia tradicional proclamava que a convicção humana acerca da existência de Deus era uma realidade diferente da simples fé.

A convicção humana reside no reino da "natureza", ao passo que a fé transcende esse reino: é um dom – "a graça divina infusa". Segundo Tomás de Aquino, a fé é um dom da graça infundido na razão humana, permitindo que a razão transcenda a sua capacidade natural e participe da perfeita cognição – embora de forma limitada –, pela qual Deus se reconhece a si próprio. Contudo, continua a haver uma diferença tremenda entre a cognição permitida pela fé e o conhecimento de Deus, face a face, como "visão beatífica" (*visio beatifica*), que está reservada aos santos no céu (ou seja, a nós também, se perseverarmos na paciência da nossa fé peregrina e no nosso desejo nunca-inteiramente-satisfeito até o limiar da eternidade).

Se a nossa relação com Deus se baseasse apenas na convicção de que ele existe, que pode ser adquirida de forma indolor através de uma avaliação emocional da harmonia do mundo ou de um cálculo racional de uma cadeia universal de causas e efeitos, não corresponderia àquilo que tenho em mente quando falo de fé. Segundo os antigos Doutores da Igreja, a fé é um raio de luz mediante o qual o próprio Deus penetra nos espaços sombrios da vida humana. O próprio Deus está dentro dela como o toque do seu raio de luz, à semelhança do que acontece quando, percorrendo uma distância enorme, o sol com o seu calor toca a terra e os nossos corpos. E, naturalmente, tal como acontece com o sol, também há momentos de eclipse na nossa relação com Deus.

É difícil decidir se houve mais momentos de eclipse na nossa era particular do que no passado, ou se atualmente estamos mais informados e mais sensíveis aos mesmos. É igualmente difícil decidir se os sombrios estados mentais de ansiedade e dor por que tanta gente passa na nossa civilização moderna, e que nós descrevemos em termos extraídos da medicina clínica – que, por sua vez, os estuda com os seus recursos e a partir do seu ponto de vista, esforçando-se por eliminá-los –, são mais abundantes hoje do que no passado, ou se gerações anteriores lhes prestavam menos atenção devido a outras preocupações, ou se, porventura, tinham outras formas – possivelmente mais eficazes – de tratá-los ou de abordá-los.

Esses momentos de escuridão, caos e absurdo, de perder a segurança de uma ordem racional, evocam, de modo impressionante, aquilo que Nietzsche profetizou pelos lábios do seu "louco", quando este anunciou a morte de Deus: "Como pudemos *absorver o mar*? Quem nos deu a esponja para apagar todo o horizonte? Que fazíamos, quando desprendíamos esta terra do seu sol? Para onde se dirige agora a terra? Para onde vamos nós agora? Para longe de todos os sóis?...".

Esses momentos de estar muito "longe de todos os sóis", que, no grande palco da história, rotulamos com símbolos tais como "Auschwitz", "Gulag", "Hiroshima", "11 de setembro" ou "civilização da morte", e, em nível cotidiano das vidas individuais, com as palavras "depressão" ou "esgotamento", são para muita gente "o rochedo do ateísmo". São a razão para acreditar que – no dizer de *Macbeth* de Shakespeare – "a vida é uma história contada por um idiota... sem significado algum", e que o caos e o absurdo são o seu princípio e o seu fim. Contudo, também há pessoas – e o autor deste livro é uma delas – para quem a experiência do silêncio e do ocultamento de Deus neste mundo constitui o ponto de partida e um dos fatores básicos da própria fé.

Há poucas coisas que apontem para Deus e apelem tão instantemente a Deus como a experiência da sua ausência. Essa experiência é capaz de levar alguns a "acusar Deus" e, eventualmente, a rejeitar a fé. No entanto, existem muitas outras interpretações dessa ausência, de modo particular na tradição mística, e outras formas de reconciliação com ela. Sem a dolorosa experiência de um "mundo sem Deus", é difícil para nós aprender o sentido da busca religiosa, bem como de tudo o que queremos dizer acerca da "paciência com Deus" e dos seus três aspectos: *fé, esperança* e *amor*.

Estou convencido de que uma fé madura deve incorporar essas experiências, a que alguns chamam "a morte de Deus" ou – de forma menos dramática – o silêncio de Deus, embora seja necessário sujeitar essas experiências a uma reflexão interior, além de se submeter e de ultrapassá-las com sinceridade e não de uma forma superficial ou fácil. Não pretendo dizer aos ateus que eles estão errados, mas que têm falta de paciência. Digo-lhes que a sua verdade é uma verdade incompleta.

Hans Urs von Balthasar gostava de utilizar a expressão "saquear os egípcios", para descrever a missão dos cristãos de adotar o melhor da "cultura pagã", tal como os israelitas, à saída do Egito, arrebataram o ouro e a prata dos egípcios. Sim, devo admitir que, quando o velho ateísmo da modernidade europeia tiver caído no esquecimento, eu lamentaria que o Cristianismo não tivesse extraído e conservado o "ouro" nele contido, isto é, aquilo que nele havia de sincero e verdadeiro – mesmo que se tratasse da tal verdade incompleta.[1]

No entanto, devemos acrescentar imediatamente que "a nossa verdade", a verdade religiosa da fé aqui na terra, também é "incompleta", em certo sentido, pois, pela sua natureza intrínseca, representa uma abertura sobre o Mistério, que só será integralmente revelada no fim dos tempos. É por isso que devemos resistir ao engano do triunfalismo altaneiro. É por isso que temos alguma coisa a dizer aos "descrentes" e aos seguidores de outras religiões. É por isso que devemos escutar e aprender. Seria uma negligência censurável se o Cristianismo não aproveitasse em seu próprio benefício o fato de ter sido sujeito, na era moderna, e mais do que qualquer outra religião, às chamas purgativas do criticismo ateu; seria igualmente infeliz a falta de coragem para entrar nessa fornalha ardente, assim como renunciar, no meio das chamas, à fé e à esperança que deveriam ser aí testadas e refinadas. Segundo o espírito do apóstolo Paulo, não deveríamos pedir que o corpo do Cristianismo fosse libertado do aguilhão do ateísmo. Esse aguilhão deveria, pelo contrário, despertar constantemente a nossa fé da complacência de falsas certezas, a fim de confiarmos mais no poder da graça – uma graça que se revela, sobretudo, nos nossos momentos de fraqueza.[2]

O ateísmo também pode ajudar-nos a "preparar o caminho do Senhor": pode ajudar-nos a libertar a nossa fé de "ilusões religiosas". Todavia, não devemos deixar que ele tenha a última palavra, como fazem muitas pessoas impacientes. Mesmo em momentos de grande exaustão, devemos manter-nos receptivos à mensagem, como aquela que o anjo levou a Elias, na sua

---

[1] Num teor exato e – legitimamente – simétrico, o filósofo pós-moderno Slavoj Žižek escreve: "O verdadeiro legado cristão é demasiado precioso para ser deixado nas mãos de monstros fundamentalistas" (*The Fragile Absolute: Or, Why Is the Christian Legacy Worth Fighting For?*, Londres/Nova York, Verso, 2001, p. 2.).

[2] Cf. 2Cor 12,7-10.

caminhada até o monte Horeb: "Levanta-te e come, caso contrário a caminhada será demasiado longa para ti!".

Seria difícil encontrar dois lugares na terra tão completamente diferentes do local onde surgiu a ideia deste livro e a localidade onde o seu manuscrito viria a ser redigido. Tal como os cinco livros que o precederam, escrevi-o quase na íntegra durante as minhas férias de verão, no silêncio profundo e no isolamento total de um eremitério na floresta, perto de um mosteiro situado na Renânia. A ideia do livro, porém, teve a sua origem durante uma gélida tarde de inverno, em uma das ruas mais movimentadas do planeta – a Broadway, em Nova York –, em um dos andares mais altos do edifício pertencente à editora Bertelsmann-Doubleday, em uma sala com uma vista fascinante sobre os telhados cobertos pela neve de Manhattan.

Enquanto discutia um contrato para uma versão em língua inglesa de *Confessor's Night* [A noite do confessor], o editor Bill Berry interessou-se pelo título de outro dos meus livros: a coletânea de sermões *Addressing Zacchaeus* [Interpelando Zaqueu]. E, quando lhe expliquei por que razão tinha utilizado a história de Zaqueu como lema desse livro, ele incitou-me a desenvolver o "tema de Zaqueu" como um livro independente, do mesmo modo que Henri J. M. Nouwen fizera ao criar a sua famosa obra, *O regresso do filho pródigo*.

Pedi-lhe alguns dias para pensar no assunto e passei esse tempo perambulando pelas fervilhantes avenidas de Manhattan. A certa altura, na Quinta Avenida, entrei na Catedral de São Patrício – esse santuário do silêncio, no meio das vigorosas pulsações do coração da metrópole norte-americana – e decidi aceitar o desafio.

Gostaria de agradecer, mais uma vez, a Bill Berry e à minha agente literária, Marly Rusoff, pela sua inspiradora conversa desse dia, bem como aos padres do mosteiro situado no Vale do Reno, pela sua bondosa e discreta hospitalidade, e a todos os meus amigos e colegas pelas orações que me ajudaram durante essas semanas de meditação e trabalho. Os meus sinceros agradecimentos vão ainda para o meu amigo Gerry Turner, pelos seus esforços em termos de tradução e pela difícil tarefa de passar todas as cores, odores e melodias da língua tcheca para a língua materna de Shakespeare e do Cardeal Newman (e também para a sua versão americana).

A história evangélica de Zaqueu

E, tendo entrado em Jericó, ele atravessava a cidade. Havia lá um homem chamado Zaqueu, que era rico e chefe dos publicanos. Ele procurava ver quem era Jesus, mas não o conseguia por causa da multidão, pois era de baixa estatura. Correu então à frente e subiu num sicômoro para ver Jesus que iria passar por ali. Quando Jesus chegou ao lugar, levantou os olhos e disse-lhe: "Zaqueu, desce depressa, pois hoje devo ficar em tua casa". Ele desceu imediatamente e recebeu-o com alegria. À vista do acontecido, todos murmuravam, dizendo: "Foi hospedar-se na casa de um pecador!". Zaqueu, de pé, disse ao Senhor: "Senhor, eis que eu dou a metade de meus bens aos pobres, e se defraudei a alguém, restituo-lhe o quádruplo". Jesus lhe disse: "Hoje a salvação entrou nesta casa, porque ele também é um filho de Abraão. Com efeito, o Filho do Homem veio procurar e salvar o que estava perdido".

Lucas 19,1-10

CAPÍTULO 1
Interpelando Zaqueu

Era de manhã cedo, e a neve fresca cobria as ruas de Praga. Aliás, era tudo bastante fresco naquela época, em meados da década de 1990. Poucos anos antes, o regime comunista caíra durante a Revolução de Veludo, bem como o seu monopólio de poder político e policial, e, pela primeira vez em várias décadas, a democracia parlamentar genuína fora restaurada. A Igreja e a universidade gozavam novamente de liberdade.

Essa alteração dos acontecimentos provocou enormes mudanças na minha vida: durante a década de 1970, eu fora secretamente ordenado padre no exterior, num período de repressão religiosa no meu país, que já durava várias décadas. Nem sequer a minha mãe, com quem eu vivia, podia saber que eu era padre. Durante onze anos, desempenhei o meu ministério sacerdotal clandestinamente, numa "Igreja subterrânea". Agora, já podia exercer abertamente, livremente, como padre, sem qualquer risco de pressão, na recém-criada paróquia universitária, no coração da Velha Praga. Depois de vários anos, durante os quais tivera de dar aulas de Filosofia, apenas como parte de cursos clandestinos em casas particulares, organizados pela "Universidade volante", podendo apenas publicar alguma coisa em *samizdat*,[1] pude regressar à universidade, escrever para os jornais e publicar livros.

Mas, naquela manhã invernosa, não era para a igreja nem para a universidade que me dirigia, mas para o edifício do parlamento. Entre as novidades daquela época, contava-se o costume, estabelecido vários anos antes, de convidar um membro do clero ao parlamento, uma vez por ano,

---

[1] Panfletos clandestinos, feitos à mão. (N.T.)

imediatamente antes do Natal, para dirigir uma breve alocução aos deputados e senadores reunidos, antes da última sessão das férias do Natal.

Sim, ainda estava tudo bastante fresco, conservando certo cheiro da liberdade recém-conquistada. No entanto, já tinham passado alguns anos desde a Revolução de Veludo, e as primeiras vagas de euforia e o seu emocionante confronto com espaços abertos já eram coisas do passado. As ilusões iniciais evaporaram, e muitos problemas e complicações, até então insuspeitados, começavam a manifestar-se na vida pública. Gradualmente, algo a que os psiquiatras chamam "agorafobia" dissipava-se pela sociedade: o pânico dos espaços abertos, ou, literalmente, o medo do mercado. Quase tudo o que se podia imaginar tornara-se disponível, de repente, no mercado dos bens e das ideias – muitas pessoas, porém, estavam confusas e atordoadas diante da enorme diversidade de oferta e da necessidade de fazer escolhas. Algumas delas ficavam com dores de cabeça, devido à súbita e ofuscante profusão de cores e, de vez em quando, começavam até a ter saudades do mundo preto e branco do passado – embora de fato se tratasse de um cinzento aborrecido e enfadonho.

Concluí a alocução que dirigi aos deputados e senadores – a maior parte dos quais, provavelmente, nunca teriam tido uma Bíblia nas mãos – com uma referência à cena do Evangelho de Lucas, em que Jesus atravessa a multidão, em Jericó, e se dirige inesperadamente a um chefe dos cobradores de impostos, que o observava às ocultas por entre os ramos de uma figueira.[2]

Comparei esta história com o comportamento dos cristãos do nosso país. Quando, após a queda do comunismo, os seguidores de Cristo saíram livremente para a rua, ao fim de tantos anos, repararam que muitas pessoas os aplaudiam, algumas das quais talvez, anteriormente, lhes tivessem mostrado o punho. O que não repararam, porém, foi *que as árvores à sua volta estavam cheias de Zaqueus* – aqueles que não estavam dispostos ou que não eram capazes de se juntar à multidão de crentes antigos

---

[2] Em outras traduções, uma amoreira.

ou novinhos em folha, mas que também não lhes eram indiferentes nem hostis. Esses Zaqueus eram observadores curiosos, mas, ao mesmo tempo, queriam manter certa *distância*. Essa estranha combinação de curiosidade e expectativa, interesse e timidez e, por vezes, talvez até de um sentimento de culpa e de "inaptidão", mantinham-nos escondidos em suas figueiras.

Abordando Zaqueu *pelo nome*, Jesus animou-o a descer do seu esconderijo. Depois, surpreendeu-o por querer ficar em sua casa, embora corresse o risco de ser imediatamente difamado e criticado: "Ele aceitou a hospitalidade de um pecador!".

Não existe um relato escrito de como Zaqueu teria ingressado no grupo dos discípulos de Jesus, ou como teria seguido Jesus em suas viagens – como os Doze escolhidos – ou com a multidão de homens e mulheres. Aquilo que sabemos, porém, é que ele decidiu mudar de vida, *e que a salvação entrou em sua casa*. Nos dias de hoje, a Igreja tem sido incapaz de abordar os seus Zaqueus de modo semelhante.

Adverti os políticos contra algo semelhante que estava acontecendo em termos cívico e político. Embora fosse verdade que muita gente continuava a observar os novos inícios da democracia no nosso país com curiosidade e certo entusiasmo – talvez após certo período inicial de euforia geral –, por diversas razões, ainda tinham reservas e certa desconfiança. Muitas delas, porém, estavam subconscientemente à espera do momento em que seriam diretamente abordadas ou convidadas por alguém ou por alguma coisa. Quantos políticos, que passavam o tempo organizando os seus apoiantes e discutindo com os seus adversários, estavam preparados para compreender aqueles *Zaqueus*, para se interessar com sinceridade e respeito por eles e "tratá-los pelo nome", para conversar e travar conhecimento com eles? Talvez, devido a essa falha, muitos "cobradores de impostos" não mudavam de vida, muitos erros não eram reparados e muitas esperanças eram dissipadas.

Zaqueu poderá parecer a alguns um incorrigível individualista, um "marginal"; ali onde as outras pessoas se mostram imediatamente dispostas a se alinhar em fileiras entusiásticas ou furiosas, ele procura instintivamente um esconderijo entre os ramos de uma figueira. Não o faz por orgulho, como poderia parecer; afinal, está bem ciente da sua "pequena estatura" e das suas grandes faltas, das suas lacunas em relação a postulados e desafios absolutos. No entanto, conseguiria e estaria disposto a abandonar a sua privacidade e o seu alheamento, se fosse "abordado pelo nome" – então, de repente, poderia aceitar esses desafios absolutos e mudar de vida. A única pessoa capaz de abordar Zaqueu, porém, é alguém para quem essas pessoas escondidas entre os ramos de uma figueira não são estranhas nem desconhecidas – alguém que não as trata com desdém, que se preocupa com elas, alguém que pode responder àquilo que acontece no seu coração e na sua mente.

Há muitos Zaqueus entre nós. O destino do nosso mundo, da nossa Igreja e da sociedade depende – mais do que estamos dispostos a admitir – de até que ponto esses Zaqueus serão seduzidos ou não.

Terminei a minha exposição, mas a história de Zaqueu não me saiu da cabeça. Deambulei por Praga, no período pré-natalício, esforçando-me por perceber por que razão aquela passagem, em particular, tinha cativado tão fortemente a minha imaginação. Depois percebi que, precisamente, essa história poderia ajudar-me a chegar a uma compreensão mais clara e mais profunda daquilo que considerava há muito, subconscientemente, a minha missão e vocação particulares.

No meu trabalho pastoral como padre, mas também em todos os meus outros campos de atividade – nos meus livros e artigos, no meu ensino universitário e nos meios de comunicação –, o meu objetivo nunca foi "converter os convertidos", nem cuidar das ovelhas ordeiras do rebanho, nem sequer envolver-me em polémicas e disputas intermináveis com opositores. Não me parece que minha vocação primeira devesse ser a "missão" no sentido clássico, se isso significa conquistar o máximo de adeptos para a própria Igreja ou convicção política. Sinto que o meu principal objetivo é ser um vizinho compreensivo para aqueles a quem parece impossível unir-se às multidões exultantes sob as bandeiras desfraldadas de qualquer cor, para aqueles *que se mantêm a distância*.

Gosto dos Zaqueus. Penso que recebi o dom de compreendê-los. As pessoas interpretam, com frequência, a distância que os Zaqueus mantêm como uma expressão da sua "superioridade", mas não me parece que tenham razão – as coisas não são assim tão simples. Tenho visto, pela minha experiência, que é antes consequência de sua timidez. Em certos casos, a razão para a sua aversão às multidões, de modo particular às que usam *slogans* e estandartes, é por suspeitarem que a verdade é frágil para ser cantada na rua.

A maior parte dessas pessoas não escolheu voluntariamente o lugar que ocupa "nas margens". Pode bem acontecer que algumas delas também se mostrem reticentes, porque – tal como Zaqueu – estão perfeitamente conscientes de que a sua própria casa não está em ordem, e percebem, ou pelo menos suspeitam, que precisam introduzir mudanças em sua vida. Ao contrário do infeliz personagem de uma das parábolas de Jesus, talvez percebam que não estão devidamente trajadas para as bodas e, por isso, não podem sentar-se entre os convidados de honra no banquete nupcial.[3] Estão ainda a caminho, poeirentas e longe da meta. Ainda não estão "preparadas" para se apresentarem aos outros em plena luz do dia, talvez porque lhes pareça que se encontram em um beco sem saída, na sua caminhada da vida.

Contudo, pressentem a urgência do momento, quando qualquer coisa importante passa por elas. Esta tem uma força de atração, como teve para Zaqueu, que sentiu o desejo profundo de ver Jesus. Às vezes, porém, tal como no caso de Zaqueu, escondem o seu anseio espiritual com folhas de figueira – escondem-no dos outros e, por vezes, também de si próprias.

---

[3] Cf. Mt 22,11-14.

A única pessoa capaz de se dirigir a Zaqueu é alguém que "conhece o seu nome" e que conhece, também, o seu segredo. Alguém para quem esse ser humano não é um estranho, que é capaz de estabelecer empatia com as complexas razões das suas reticências. Seria de prever que a única pessoa realmente capaz de sentir empatia pelos Zaqueus dos nossos dias fosse alguém que, no passado, tivesse sido, e em certa medida ainda continuasse a ser, um Zaqueu. As pessoas que se sentem mais à vontade no meio das multidões exultantes, provavelmente, terão dificuldade em compreender esse tipo de ser humano.

Certo dia vi, na parede de uma estação de metrô, em Praga, a inscrição: "Jesus é a resposta", provavelmente escrita por alguém no regresso de alguma inflamada reunião evangélica. No entanto, outra pessoa acrescentara, com toda a propriedade, as seguintes palavras: "Mas qual era a pergunta?". Fez-me lembrar do comentário feito pelo filósofo Eric Voegelin de que o maior problema para os cristãos de hoje não é o fato de não terem as respostas certas, mas de terem esquecido qual era a pergunta, para a qual eles próprios eram a resposta.

Respostas sem perguntas – sem as perguntas que originalmente as suscitaram, mas também sem as perguntas subsequentes que são provocadas por cada resposta – são como árvores sem raízes. Mas com que frequência é que as "verdades cristãs" nos são apresentadas como árvores abatidas e sem vida, em que as aves já não podem encontrar um ninho? (Enquanto jovem professor, Joseph Ratzinger teria comentado, a propósito daquela parábola de Jesus acerca do Reino dos Céus, comparando a uma árvore onde as aves fazem os seus ninhos, que a Igreja começa a assemelhar-se perigosamente a uma árvore com muitos ramos mortos, em que muitas vezes vêm pousar alguns pássaros estranhos – embora eu não saiba ao certo se, hoje, ele estaria disposto a assinar tal afirmação com a pena pontifícia ou a marcá-la com o "selo do pescador".)

Há que confrontar perguntas e respostas para devolver um verdadeiro sentido e dinâmica às nossas afirmações. A verdade *acontece* ao longo do diálogo. Temos sempre a tentação de deixar que as nossas respostas levem até o fim o processo de busca, como se o tema da conversa fosse um *problema* já resolvido. Mas, quando surge uma nova pergunta, as profundezas inesgotáveis do *mistério* voltam a aparecer. Há que repetir uma e outra vez: a fé não é uma questão de problemas, mas de *mistério*, por isso nunca devemos abandonar o caminho da busca e da interrogação. Sim, enquanto procuramos Zaqueu, temos muitas vezes de passar dos problemas para o mistério, de respostas aparentemente definitivas para infinitas interrogações.

Paulo, o "décimo terceiro apóstolo", que fez tudo que estava a seu alcance para difundir o Evangelho, escreveu: *Fiz-me tudo para todos*. É possível que, desta vez, descubramos a proximidade de Cristo de forma mais eficaz, se nós, que somos seus discípulos, nos fizermos *buscadores com aqueles que procuram e interrogadores com aqueles que se interrogam*. Existem de sobra pessoas que declaram que já alcançaram o seu objetivo e que oferecem respostas prontas para uso, mas com frequência simplistas, e, infelizmente, também se podem encontrar entre aquelas que invocam o nome de Jesus. Talvez tornemos a nossa fé mais acessível aos Zaqueus dos nossos dias, se fizermos deles nossos *próximos*, segundo Jesus, enquanto eles "espreitam por entre as folhas".

Certo dia deparei-me com um livro escrito por um bispo cujo subtítulo era *Um livro para aqueles que procuram e têm dúvidas*. Peguei nele, por curiosidade, sobretudo porque conhecia pessoalmente o autor e gostava dele. Contudo, ao fim de algumas páginas, percebi que o subtítulo – quer fosse do próprio autor ou de um editor criativo – era apenas um artifício publicitário. Era evidente, pelo tom geral do livro, que a atitude do autor diante dos buscadores era a de alguém que já tinha encontrado o que queria, ao mesmo tempo que olhava os que duvidavam como pessoas cujas dúvidas podiam ser facilmente transformadas pelo próprio em certezas.

Nesse momento, tomei a decisão de escrever livros de um tipo diferente: como alguém com dúvidas entre os que duvidavam, e como um buscador entre os que procuravam. E, rapidamente, tive a sensação de que o Senhor já aceitara realmente essa intenção e que a tomara ainda mais a sério do que eu, no momento em que essa ideia me ocorrera. Contudo, para garantir que essa obra não fosse uma farsa, Deus conseguiu minar muitas das certezas religiosas que eu abraçara até então. Ao fazê-lo, preparou também um presente surpreendente e muito valioso: no preciso momento da "cisão", no momento do abalo e do colapso das minhas certezas, no preciso momento em que se levantavam cada vez mais interrogações e dúvidas, ele mostrou-me o seu rosto mais claramente do que nunca.

Percebi, assim, que o "encontro com Deus" – conversão, adesão, na fé, à forma como Deus se revela e como a Igreja apresenta essa revelação – não era o fim da caminhada. Ter fé significa "seguir no encalço"; neste mundo, toma a forma de uma caminhada infindável. A verdadeira fé religiosa na terra nunca pode terminar, como se fosse uma busca bem-sucedida de um ou outro objeto – ou seja, encontrando-o e tomando posse dele –, porque não se orienta para um fim material, mas para o coração do mistério, que é inesgotável, como um poço sem fundo.

O caminho que conduz aos Zaqueus de hoje – pessoas que muitas vezes se encontram nas margens ou para lá das fronteiras visíveis das Igrejas, na zona das interrogações e das dúvidas, nessa região singular entre os dois campos fortificados daqueles "que têm a cabeça-feita" (isto é, dos crentes e dos ateus autoconvencidos) – ajudou-me a compreender pela primeira vez a fé e aquele ao qual a fé se refere.

Na medida em que somos discípulos de Cristo, queremos que ele seja aquele com quem os Zaqueus de hoje se encontram. Também eu, mesmo enquanto trabalhava neste livro – afinal sou um padre –, me interrogava sobre o que significa atualmente levar alguém a aproximar-se de Cristo e, através de Cristo, a aproximar-se de Deus. Não me parece que seja tão fácil como alguns cristãos entusiásticos pensam. Um padre não deve transformar-se em um agitador, um propagandista, uma pessoa que usa *slogans* banais, perita em manipular os outros. O seu papel é acompanhá-los, "introduzi-los no contexto", e levá-los até o limiar do mistério, em vez de "conquistá-los", como tentam fazer os políticos ou os comerciantes ao chamar a atenção para os seus produtos mais recentes.

Isso também é notado na forma como nós abordamos os outros. Deve ser audível e discernível pela forma como falamos e pela linguagem que usamos. Afinal, a nossa linguagem é fruto da persuasão do nosso coração. Se a nossa linguagem não for um palavreado vazio ou uma produção irrefletida de frases feitas, poderá produzir muito fruto. Nesse sentido, a expressão "pelos seus frutos vos conhecerão" aplica-se também à maneira como falamos.

Talvez tenha chegado o momento de abandonarmos grande parte do "vocabulário piedoso" utilizado em nosso discurso e em nossos estandartes, e que perdeu o seu verdadeiro significado para nós, devido ao seu uso constante e muitas vezes descuidado. Outras palavras tornaram-se demasiado pesadas, rígidas e corroídas; tornaram-se um estorvo, impedindo-nos de expressar a mensagem do Evangelho: notícia gozosa. Algumas das nossas piedosas expressões já se transformaram em um "tambor rebentado", deixando de ser capazes de cantar os louvores de Deus – "incapazes de dançar", como Nietzsche esperava que fosse um Deus em que ele pudesse acreditar. Nietzsche, que nasceu de uma linhagem de pastores, diagnosticou de forma implacável "o espírito pesado" e, acima de tudo, "o moralismo" dos nossos sermões, o veneno do pessimismo e do moralismo ácido. Essa *gravidade capciosa*, marcada por sombria altivez, que trai a falta de sentido de humor e de espontaneidade e uma insuficiente liberdade interior, sempre me fez lembrar Mical, a filha de Saul, que desprezou o rei Davi quando ele dançou diante da Arca da Aliança. Este tipo de piedade costuma ser punido com a esterilidade, como aconteceu a Mical.

Contudo, a dança de Davi diante da Arca não tinha nada em comum com o exibicionismo dos artistas do atual circo religioso. Lembro-me de ter assistido, pela primeira vez, a um *megashow* de um pregador evangélico na TV americana e de ter esperado, durante muito tempo, que se tratasse apenas de uma comédia, caricaturando a religião. Não queria acreditar que alguém pudesse crer de verdade que era possível falar de Deus com uma certeza tão vulgar e anunciar o Evangelho como se falasse de uma marca de automóvel digna de confiança. A alegria espiritual fora substituída por um sucedâneo barato: diversão – promoção grosseira ao gosto dos consumidores irrefletidos da atual "indústria de entretenimento" de massas. É muito triste observar como aqueles que deveriam ser profetas estão transformados em embaraçosos palhaços.

Os profetas devem ser gente da verdade. Mas a verdade do Evangelho não é a mesma que a verdade de uma teoria científica (no sentido de que a verdade da ciência deve ser entendida pelos defensores do cientificismo e do positivismo). Não pode ser confinada a definições e a sistemas fechados isentos de conflitos. Jesus associou para sempre três conceitos: a verdade, o caminho e a vida. Tanto a verdade como o caminho e a vida estão em constante movimento e processo, embora esse processo não possa ser implementado como um desenvolvimento e um progresso unidirecionais.

A Bíblia conduz-nos à verdade, não mediante definições ou sistemas teóricos, mas mediante histórias, dramas grandes e pequenos – como a história de Zaqueu e milhares de outras histórias. A melhor forma de entendermos as histórias bíblicas é *entrarmos nelas*, deixarmo-nos envolver nesses dramas – no mínimo, como os participantes nos dramas sagrados da antiga Grécia – e experimentar através deles catarses, isto é, as nossas próprias transformações.

Se hoje em dia quisermos falar de questões divinas, temos de "curar" certas palavras e ressuscitá-las, porque estas se esgotaram sob o peso dos inúmeros significados diferentes que as pessoas lhes foram impondo ao longo dos séculos. Este projeto faz-nos lembrar dos versículos de um antigo hino da Igreja, uma súplica ardente ao Espírito de Deus: que ele aqueça o que está frio, umedeça o que está seco e febril, cure o que está doente, mova o que está rígido. E talvez possamos acrescentar outro apelo: que ele aproxime o que está distante!

CAPÍTULO 2

Bem-aventurados os distantes

Não é por acaso que Zaqueu não fazia parte da multidão. Embora, como chefe dos cobradores de impostos, Zaqueu ocupasse uma importante e lucrativa posição, ele era uma pessoa situada *nas margens da sociedade*, tal como o mendigo cego à beira da estrada de Jericó, a quem Jesus curara pouco antes de se encontrar com ele. Zaqueu estava afastado dos seus vizinhos pelo simples fato de ser um funcionário alfandegário, isto é, alguém que desempenhava um trabalho banido por questões políticas, nacionais, rituais e morais. Esses funcionários cobravam impostos para o odiado poder ocupante, manuseavam moedas que ostentavam a imagem do imperador – dinheiro em que um judeu piedoso, segundo os ensinamentos de rigorosos rabinos, nem sequer devia tocar. Ainda por cima, colocavam no bolso quantias ilegais. Zaqueu era desprezado pelos seus conterrâneos, embora estes talvez também o invejassem, visto que ele era, como está escrito, um homem muito rico.

A conversa de Jesus com Zaqueu não constitui um incidente isolado no Novo Testamento. Poderia até ser descrita como uma espécie de "Evangelho em miniatura", no qual descobrimos, em algumas frases concisas, uma rigorosa imagem e ilustração da missão de Jesus: conversão, cura, descoberta, acolhimento das suas "ovelhas perdidas". Isso explicará, provavelmente, por que razão esta passagem viria a ser um dos temas preferidos de sermões e ensaios de alguns dos grandes pensadores cristãos, como Santo Ambrósio, Santo Alberto Magno, Erasmus e Martinho Lutero – bem como de milhares de representações artísticas, desde os sarcófagos cristãos primitivos até os evangeliários dos imperadores alemães Otão II e Henrique II, os afrescos medievais da igreja de Sant'Angelo in Formis, o saltério do Mosteiro Pantokrator, no Monte Atos – e todos os outros lugares onde deparamos com a figura do pequeno cobrador de impostos.

Jesus nunca deixou de procurar os que estavam "distantes". Nas suas parábolas, o rabino de Nazaré costumava atribuir papéis positivos a grupos desprezados, tais como os samaritanos, os detestados publicanos, as prostitutas e outros pecadores. Dedicou-se aos leprosos, aos deficientes físicos e a outros que eram excluídos da sociedade. O seu interesse não derivava de qualquer predileção romântica pelas "maiores profundezas", ou de irada revolta juvenil contra o *status quo*, aliás, nem sequer da "previdência social" ou da solidariedade política para com os pobres, os oprimidos e os explorados, tal como as entendemos hoje em dia.

Como alvo da sua atenção, compreensiva com os pobres, estavam os doentes, "pecadores" de todos os tipos e também os ricos funcionários da alfândega e cobradores de impostos como Zaqueu. (Note-se que, mesmo depois da conversão de Zaqueu, Jesus não instou com ele para que abandonasse a sua profissão, e nós não somos obrigados a assumir que Zaqueu caiu na pobreza, depois de ter cumprido a sua promessa de compensar aqueles a quem prejudicara.) Aquilo que todos eles têm em comum é que todos se situam – por várias razões – *nas margens* do ambiente em que Jesus agia, um ambiente que põe fortemente em questão as classificações sob os títulos de Estado, nação ou Igreja que nos são familiares, e que é quase sempre descrito no Novo Testamento como "este mundo".

À luz da sua presença, o mundo em que Jesus entrou apresentava-se doente, vazio e introvertido – um mundo sem coração. Os que nele ocupavam as posições mais elevadas tinham *coração de pedra e não de carne*; o coração deles era *incircunciso* e estava *endurecido*; era como *sepulcro caiado*, cheio de imundícies. Em um mundo assim, muitas pessoas sentiam-se abandonadas *como ovelhas sem pastor*. E o próprio Jesus não consegue encontrar um lugar onde morar; ele não tem onde reclinar a cabeça.¹ É essa outra razão pela qual fala, sobretudo, a "pessoas situadas nas margens" e se identifica com elas.²

Jesus vive em um estado de constante tensão com os indivíduos, grupos, instituições e símbolos que constituem o centro, a elite dessa sociedade – tal como o Templo e os sacerdotes à sua volta, os juízes e os dignitários religiosos, os que "se sentaram na cátedra de Moisés", sobretudo os escribas e os fariseus, que encarnavam a autoridade moral e intelectual. A certa altura, Jesus entra em conflito fatal com o poder político do Império Romano, embora ele próprio tenha evitado esse confronto.

No seu *best-seller*, *What Jesus Meant*, Garry Wills tem toda razão ao descrever Jesus como um adversário explícito da "religião da elite do Templo" – centro espiritual de Israel nessa época – e ao interpretar no mesmo tom não só a cena bem conhecida de Jesus e dos cambistas, mas também várias outras passagens dos Evangelhos, incluindo a maldição da figueira estéril e a sua declaração subsequente de que "este monte" – o Monte do Templo! – podia ser levantado e lançado ao mar pela fé dos seus discípulos (Mc 11,22-24). Não é coincidência que essa passagem termine com a promessa de que as orações serão ouvidas: a fé e a oração são as únicas coisas necessárias para se comunicar com Deus; as ofertas no Templo já não são necessárias.³ De forma muito semelhante, no Evangelho de João, Jesus diz à samaritana que chegará a hora em que já não serão necessários templos, nem o de Jerusalém, nem o da Samaria – o Monte Garizim –, porque os verdadeiros adoradores adorarão o Pai em *espírito e verdade* (Jo 4,21-23).

Todo o ministério de Jesus, os seus ensinamentos e as suas ações poderiam ser caracterizados com a expressão de Nietzsche: "valores de reavaliação". É prefigurado de forma impressionante, no Evangelho de Lucas, pelo hino de Maria à "revolução de Deus": "[Deus] Agiu com a força de seu braço, dispersou os homens de coração orgulhoso. Depôs poderosos de

---

[1] Cf. Ef 4,18; Lc 11,44; Mc 6,34; Mt 8,20; Lc 9,58 etc.
[2] Cf. Mt 25,31-46.
[3] GARRY WILLS, *What Jesus Meant*, Nova York, Viking, 2006, pp. 66-75.

seus tronos, e a humildes exaltou. Cumulou de bens a famintos e despediu ricos de mãos vazias" (Lc 1,51-53). A bênção e a "maldição", sua contrapartida, são expressas através de paradoxos semelhantes, tal como a sua famosa afirmação de que "muitos dos primeiros serão últimos, e muitos dos últimos, primeiros" (Mt 19,30).

Bem-aventurados sois vós os que estais nas margens, pois ficareis no centro, no coração! – Nisso se poderia perfeitamente resumir tudo o que Jesus disse e fez. Jesus ignorou completamente grande parte daquilo que era considerado pelas outras pessoas o centro inamovível – isso se revela de modo particular na sua atitude diante das provisões rituais da lei. Além disso, colocou no centro apenas um valor, que era absoluto para ele: o amor, convidando todos os que se encontravam "nas margens" a este novo centro.

O Reino que ele veio proclamar, o futuro escatológico prometido, que se deverá revelar em plenitude no fim dos tempos, também é *aqui e agora* – em Cristo, *por ele, com ele e nele*. É essa a boa-nova do Evangelho. Os que estavam nas margens encontram-se agora no centro, porque Jesus se sentou à mesa com eles e os fez entrar no seu coração. Mas o seu coração pode estar mais oculto do que se poderia pensar ao ver algumas pinturas piedosas. "Pois onde está o vosso tesouro, aí estará também o vosso coração", diz Jesus (Lc 12,34). E não consiste o seu tesouro, precisamente, em todas aquelas *pessoas situadas nas margens* – incluindo as que duvidam e as que procuram?

Ao longo da história da Igreja, a solidariedade para com os pobres e os socialmente desfavorecidos, o cuidado dos doentes e dos inválidos, e a coragem para defender os oprimidos, os explorados e os perseguidos, sempre fizeram parte do testemunho cristão neste mundo, que talvez seja hoje mais necessário do que nunca. Realizando essas coisas, sendo o sal da terra e levando o perfume do céu até aos recantos mais sombrios e malcheirosos da terra, podemos estar certos de que estamos seguindo as pegadas de Cristo e dos milhares de santos do passado.

No entanto, enquanto meditava sobre o encontro de Jesus com Zaqueu e com os inúmeros outros exemplos do seu "interesse prioritário pelas pessoas situadas nas margens", impressionou-me que talvez hoje seja necessária qualquer coisa extra para seguirmos plenamente as pegadas de Cristo: um interesse ou, melhor ainda, um *interesse prioritário* pelas pessoas *situadas nas margens da fé*, aquelas que permanecem na antecâmara da Igreja, se realmente chegarem a aproximar-se tanto dela. Trata-se de um interesse pelas pessoas situadas na "zona cinzenta", entre a certeza religiosa e o ateísmo, um interesse pelos que duvidam e pelos que procuram.

Como é óbvio, os missionários de quase todas as religiões, Igrejas e seitas já pescam nessas águas dos "buscadores". E muitos *sacerdotes, escribas e fariseus* de hoje louvariam, sem dúvida, o meu interesse. Contudo, o meu interesse por essas pessoas situadas nas margens não é do tipo estritamente missionário. O meu principal interesse não é "convertê-las", não é levar "certeza" a quem não a têm.[4]

Há, naturalmente, necessidade de ensinar, de persuadir e de converter, e de dar respostas às perguntas dos que procuram; afinal, o próprio Jesus curou os doentes e ordenou que se alimentassem os famintos. A injunção "ensinar os ignorantes" também se pode encontrar na tradicional lista das "obras de misericórdia espirituais". Porém, como veremos, Jesus não alimentou todos os famintos (com efeito, ele recusou-se a transformar pedras em pães com esse objetivo, como tentação demoníaca) nem passou

---

[4] Têm-se obtido resultados muito interessantes a partir de uma vasta investigação psicológica de um clássico da psicologia nórdica da religião, Hjalmar Sundén, em relação ao êxito de vários tipos de pais crentes na transmissão da sua fé aos filhos. Os menos bem-sucedidos eram os "demasiado seguros", porque desmotivavam os seus filhos com o seu autoritarismo, bem como os "demasiado inseguros", porque a sua fé era demasiado vaga e pouco convincente. Os mais bem-sucedidos eram os pais "ligeiramente inseguros", que também eram capazes de tolerar perguntas críticas e dúvidas, e que tendiam a educar pelo exemplo pessoal. (Cf. NILS G. HOLM, *Scandinavian Psychology of Religion* [Abo Akademi, Finlândia, 1987]).

os marginalizados para o centro mediante uma revolução social, a fim de torná-los poderosos e ricos. Jesus não ofereceu boas diversões aos que choravam nem o céu na terra aos perseguidos, e ainda menos uma sociedade justa no futuro próximo ou a sedutora perspectiva de uma vida sem riscos, obstáculos ou cruzes. Apenas proclamou que os pobres, os que choravam e os perseguidos eram *bem-aventurados*. O Mestre do paradoxo felicitou-os.

Jesus abençoou os pobres – não para manter os pobres no seu lugar, oferecendo-lhes uma promessa opiácea de recompensa no além, como alguns marxistas interpretam essa passagem (e como alguns cristãos a têm apresentado de tempos a tempos). Ele fez da pobreza *uma metáfora de abertura* aos dons de Deus. Há que preservar a *pobreza de espírito*, e não ingressar nas fileiras dos que estão saciados, seguros e autoconvencidos, que estão satisfeitos e fechados em si mesmos.

De modo semelhante, em termos de espírito, julgo ser necessário preservar um *espírito de busca*. (Os mestres espirituais do Oriente utilizam o termo "espírito de principiante".) Eu não tenho nada contra as missões e a pregação. É necessário pregar, tal como é necessário alimentar os famintos. Mas esta questão é diferente: há que *manter um espírito de busca*, tal como se deve ter um espírito de pobreza – é necessário *permanecer aberto*, porque só assim podemos alcançar o Reino de Deus. É neste sentido que Jesus abençoa esses pobres, os que choram e os que têm sede de justiça; ele não os felicita cinicamente pelo fato de os seus bolsos e estômago estarem vazios, e o rosto manchado de lágrimas.

O cuidado e a proximidade dos pobres não são benéficos apenas para eles, mas *também para nós*; eles permitem-nos ensinar com espírito de pobreza e preservar nele. E a nossa proximidade em relação aos que procuram também nos deve ensinar a abertura; nós não temos de pensar apenas que temos de ensiná-los e de edificá-los – *também podemos aprender muito com eles*. E podemos tentar mostrar a pessoas da Igreja que são autoconvencidas e que estão "saciadas" com a sua religião a necessidade de, pelo menos de vez em quando, estender os braços às pessoas situadas na margem das Igrejas – e não só "convertê-las" e assimilá-las. Ser capaz de ver como Deus é visto pelas pessoas que procuram, que duvidam e que se interrogam – não seria isso uma *experiência religiosa* nova, excitante, necessária e útil?

A teologia da libertação lançou um desafio muito importante: ler o Evangelho com os olhos dos pobres. Os seus proponentes apelavam a que a Escritura e o testemunho da tradição fossem lidos *segundo a perspectiva dos pobres*, como uma mensagem para os pobres, que só pode ser verdadeiramente entendida por aqueles que também são pobres ou que demonstram uma solidariedade ativa para com os pobres. E, nesse espírito, propunham uma nova análise e reinterpretação da teologia como um todo.

No entanto, agora podemos oferecer outra regra hermenêutica diferente, outra chave para uma nova compreensão da Escritura e da mensagem cristã: também é necessário ler a Escritura e viver a fé, *a partir da perspectiva da nossa profunda solidariedade para com as pessoas que andam à procura no campo da religião e, se for necessário, com aquelas que experimentam, "do outro lado", o ocultamento e a transcendência de Deus*. Devemos ouvir a chamada de Jesus "com os ouvidos de Zaqueu"! Devemos olhar para ele segundo a perspectiva do esconderijo e da distância de Zaqueu – que, no entanto, também é um lugar de observação e de expectativa.

Esta "nova teologia da libertação" deveria ser uma teologia de libertação *interior* – libertação de "certezas" relativas à religião, quer estas sejam as certezas de um ateísmo que não se põe a si mesmo em questão, ou as certezas de uma religiosidade que ficou igualmente petrificada à superfície. Paul Tillich afirmou que a principal linha divisória se estende não entre aqueles que se consideram crentes e aqueles que se consideram não crentes, mas entre aqueles a quem Deus deixa indiferentes – quer se trate de "ateus indiferentes" ou de cristãos convencionais – e aqueles que estão existencialmente preocupados com a "questão de Deus" – quer sejam buscadores apaixonados de Deus (como os místicos), pessoas que "lutam com Deus" (como Nietzsche), ou pessoas que têm sede de fé, mas que são incapazes de encontrar um lugar em qualquer forma de religião que tenham encontrado até o momento. Assim como a Igreja deve ser pobre, a fim de desenvolver a atividade missionária no mundo dos socialmente pobres, também deve deixar muitas das suas certezas se quiser entrar no mundo da insegurança religiosa. Deve libertar-se não só dos sinais exteriores de triunfalismo barroco – como recomendou o último Concílio –, mas, acima de tudo, do triunfalismo monopolista de ser o único repositório da verdade. Também me parece útil ou até essencial, no tempo presente, em que vários tipos de religiosidade comercial oferecem os seus produtos de forma tão atraente, tomar a sério o fato de que Deus *não está assim tão "facilmente apreensível"*.

Caso consigamos entender aqueles que se confrontam com um Deus silencioso, oculto ou distante – incluindo aqueles que foram levados a rejeitar a religião devido a essa experiência –, isso poderá ajudar-nos a alcançar uma forma de fé mais madura do que o ingênuo e vulgar teísmo, justamente criticado pelos ateus. Do mesmo modo que a teologia latino-americana introduziu o conceito de "estruturas pecaminosas" na teologia, inclusive em documentos papais, também a nossa teologia da libertação deveria destacar o "caráter pecaminoso" de certas estruturas de pensamento e de discurso, bem como os inúmeros "estereótipos religiosos" que prejudicam a fé e resultam em isolamento em relação a Deus: desde as ingênuas "provas da existência de Deus" a uma certa forma de teodicidade ("justificar Deus" diante do mal e da infelicidade), que, segundo as palavras de J. B. Metz, tende a produzir o efeito de uma tentativa "de chegar a um acordo com Deus, nas costas dos membros sofredores da humanidade".

A teologia da libertação latino-americana confrontou-se com a situação do "Terceiro Mundo" e garantiu, sem dúvida, que a teologia transcendia o seu "horizonte atlântico". Assim, ajudou no desenvolvimento de uma teologia contextual e ajudou os teólogos a refletirem sobre o fato de que o seu pensamento é limitado por atitudes determinadas pelo espaço e pelo tempo, pela sociedade e pela cultura em que vivem e trabalham. "Uma nova teologia da libertação" de *libertação interior*, pelo contrário, deve abordar o mundo ocidental e o seu fenômeno praticamente único de secularismo e de ateísmo moderno.

Uma fonte inesgotável de inspiração para este tipo de reflexão teológica – uma fonte, além do mais, a que quase todos os grandes místicos, bem como os antigos teólogos, incluindo Tomás de Aquino, recorreram – será, sem dúvida, a chamada *Teologia negativa* (ou Teologia apofática), que constitui uma espécie de "corrente subterrânea" de teologia cristã. Afirma ela que a forma mais segura de chegar a Deus é pelo caminho da negação, pela recusa de todos os testemunhos positivos de Deus, porque este transcende de tal modo a amplitude do nosso pensamento, imaginação e linguagem, que o máximo que podemos dizer acerca dele é aquilo que ele não é; as tentativas de exprimir "aquilo que ele é" podem levar à criação de ídolos. É por isso que esta teologia mística e certos tipos de "ateísmo" são compatíveis. Segundo a perspectiva dessa teologia mística – como Paul Tillich bem sabia –, poder-se-á mesmo dizer que um certo tipo de ateísmo – "negação de Deus" – tende mais a aproximar Deus do que a afastá-lo.

Numa conferência que fiz há tempos, esbocei um conceito análogo de "escatologia negativa".[5] Muitas vezes, ouvimos dizer que as atitudes tradicionais ligadas ao ensinamento cristão acerca das "realidades últimas" estão em crise, desafiadas em grande parte pelas "escatologias seculares" (frequentemente muito perigosas, como o conceito marxista da sociedade comunista), que vieram para preencher o vazio. Com efeito, recentemente, duas visões escatológicas emergiram em Harvard, provocando comentários generalizados por todo o mundo: a teoria de Huntington sobre o "choque de civilizações" e a teoria de Fukuyama sobre "o fim da história" (isto é, a vitória global da democracia liberal). Em meu entender, estamos

---

[5] Esta conferência foi feita em Mannheim (Alemanha), em abril de 2004 (cf. Tomáš Halík, *Vzýván i nevzýván (Simultaneamente, chamado e não chamado)* (Praga, Nakladatelstí Lidové noviny, pp. 131-45.)

precisamente no momento propício para a teologia cristã apontar o último horizonte das nossas expectativas: "o futuro absoluto" (para usar uma das expressões preferidas de Rahner) como um mistério verdadeiramente transcendente de todas as nossas noções. É necessário negar estas noções (as projeções dos nossos próprios anseios e medos), de essência religiosa ou secular, assim como a teologia negativa nega noções acerca de Deus. Ao mesmo tempo, porém, devemos alimentar a nossa abertura diante desse inconcebível futuro absoluto. Esse conceito de "escatologia negativa" teria uma dupla função: por um lado, ser um espinho crítico para as tentativas feitas por várias ideologias de absolutizar os seus próprios projetos e, por outro, ser um espinho de esperança e de "santa irrequietude", que recordaria à sociedade e à Igreja que o seu estado presente (incluindo o estado do seu conhecimento) é apenas provisório, não é o cume onde eles poderiam adormecer, numa preguiçosa autossatisfação.

Em meados do século XIX, Kierkegaard tinha desenvolvido um novo tipo de pensamento religioso: uma teologia filosófica que não era "estudo de Deus", mas antes uma hermenêutica da experiência existencial da fé – ou, por outras palavras, de fé como a experiência existencial mais radical. Devemos, sem dúvida, apoiar-nos nessa tradição. De todas as disciplinas teológicas, essa corrente teológica será provavelmente a mais próxima da teologia espiritual; afinal, a espiritualidade é, indubitavelmente, a dimensão da fé cristã mais importante para o ambiente espiritual da sociedade ocidental de hoje. Contudo, se os impulsos teológicos que indiquei estiverem encarnados em uma fé e em uma espiritualidade vividas, então essa *espiritualidade de libertação* ou *espiritualidade de êxodo* não nos deve levar a fugir à nossa responsabilidade pela sociedade em que fomos colocados. Pelo contrário, uma das suas tarefas essenciais é a sensibilidade aos *sinais dos tempos* no ambiente cultural e político do mundo atual. "Solidariedade para com os buscadores" implica participar de suas buscas e interrogações.

Enquanto reflito aqui, no silêncio do eremitério, sobre aquilo que as pessoas e as ideias poderiam fornecer como blocos de construção ou inspiração para o tipo de teologia e de espiritualidade que me parece necessário para o nosso tempo, ocorre-me à mente um dos mais conhecidos eremitas do século passado: o convertido americano que viria a tornar-se trapista, autor de livros influentes sobre vida espiritual e um pioneiro do diálogo inter-religioso: Thomas Merton. Merton não se limitou a ansiar, mas lutou concretamente – segundo o espírito e o estilo da década de 1960, com todas as suas ilusões de política de esquerda – por unir a contemplação à ação, por introduzir os impulsos da teologia da libertação na espiritualidade e por oferecer o caminho de uma vida espiritual, que também encarnaria a responsabilidade pelo mundo atual, dando um passo em direção aos "outros". Os "outros" em particular, para com os quais Merton sentia uma solidariedade profunda, sobretudo já perto do fim da vida, eram os peregrinos nos caminhos espirituais do Oriente – e a missão de manter e reforçar o diálogo inter-religioso continua a ser, sem dúvida, uma das nossas mais importantes tarefas de hoje. Contudo, não deixemos que o nosso fascínio pelo exótico Extremo Oriente nos leve a ignorar aqueles "outros" distantes com quem cruzamos no dia a dia, nas ruas das nossas cidades e nas nossas universidades, clubes e locais de trabalho.

A última frase proferida por Thomas Merton, neste mundo, segundo o testemunho do Padre. F. de Grunne, que falou com ele em Bangcoc, um pouco antes da sua trágica morte, foi a seguinte: "Aquilo que devemos fazer hoje não é tanto falar de Cristo, mas deixar que ele viva em nós, de tal modo que as pessoas possam encontrá-lo ao sentir como ele vive em nós".[6] Continuemos, portanto, a interrogar-nos sobre como poderemos deixar que aquele que conseguiu chamar Zaqueu pelo nome (e Merton e o autor deste livro, bem como muitos outros) faça com que as pessoas afastadas vivam de forma convincente em nós.

---

[6] JAMES H. FOREST, *Living with Wisdom*: A Life of Thomas Merton, Nova York, Orbis Books, 1991.

CAPÍTULO 3

Longe de todos os sóis

Enquanto refletia sobre as "pessoas situadas nas margens", sobre a solidariedade para com os que duvidam, e sobre onde poderíamos identificar, de fato, o centro e a margem de um organismo tão notável como a Igreja, lembrei-me de uma jovem mulher que, certo dia, escreveu no seu diário estas palavras: *A minha vocação é amar, no coração da Igreja.*

Durante muitos anos, Santa Teresa de Lisieux teve um interesse marginal para mim. Lembro-me de que foi no dia da sua festa – embora este não tivesse sido escolhido expressamente por essa razão – que dei início à minha preparação sistemática para a ordenação na "Igreja subterrânea". Esperei na Igreja de Santo Inácio, em Praga, por um homem que deveria reconhecer por um sinal acordado, que seria o meu guia naquela caminhada de muitos anos que precedeu a minha ordenação. Lembro-me bem daquilo que se passou não só dentro de mim, mas também à minha volta – e também me lembro da conhecida imagem de Santa Teresa "tipo caixa de bombons", com rosas nos braços, diante da qual ardia uma grande vela, por ser a sua festa naquele dia.

O que é que eu sabia então sobre Santa Teresa? Só sabia da sua existência pelas imagens e pelos santinhos piegas que rescendiam a religiosidade do século XIX. Penso que tinha pouco tempo, nessa época, para as suas palavras e para a sua missão dentro da Igreja; já tinha havido tantas monjas piedosas cujos diários estavam cheios de suspiros sentimentais sobre o amor! Afinal, nos nossos dias, costumamos interpretar essas confissões e gemidos, sobretudo em termos da teoria de Freud, como sublimação da libido.

Ao ler algo, pela primeira vez, sobre o "pequeno caminho" ou o "caminho da infância" ensinado por Santa Teresa, deparei-me com um comentário dela – sem dúvida pronunciado num momento difícil de infelicidade, como Teresa terá passado tantos, no convento – em que dava a Deus a liberdade de tratá-la como uma criança lida com os seus brinquedos: poderá um brinquedo censurar uma criança por esta o ignorar em determinado momento ou por o esquecer em um canto? Para mim, aquilo bastou! "Será que devemos ser brinquedos nas mãos de Deus? E será que Deus se deve comportar como uma criança esquecida?", disse imediatamente para comigo, fechando o livro, indignado, decidido a não perder tempo com metáforas tão infantis, e voltando para Heidegger, que, entretanto, começara a ler. Alguns anos mais tarde, vi-me numa situação particular em que – sem querer faltar ao respeito a Heidegger – percebi que a afirmação de Teresa era mais útil para mim do que o *Sein und Zeit*. Percebi até que ponto ela encerrava autodesprezo e um sentido benéfico de humor que me ajudou a fazer frente à tentação de autocomiseração nos momentos de fracasso, de especular de forma infrutífera sobre as razões pelas quais Deus permite que isto ou aquilo aconteça, por que motivo ele não protege alguém tão excelente como eu, de responsabilizar furtivamente todas as pessoas à minha volta, inclusive o próprio Deus.

Mas esse foi apenas o início da minha "aventura com Teresa". Fui-me deixando fascinar pouco a pouco por essa mulher que João Paulo II proclamou "Doutora da Igreja" – embora ela não tenha deixado nenhum tratado de teologia e a sua formação teológica até fosse – no mínimo – duvidosa. Li muitos dos seus textos e autobiografias e, a certa altura, fui em peregrinação ao seu túmulo. O retrato do seu rosto ocupa um lugar permanente na minha escrivaninha.

Quando, há alguns anos, terminei um livro que defendia de forma provocatória a "pequena fé" em contraste com a fé "grande", "inabalável" e autoconvencida (voltarei a estas ideias no fim deste livro), foi uma grande lição de humildade para mim, quando soube que não tinha descoberto nada de extraordinariamente novo. Aquilo que, certo dia, me persuadira a fazer do Cristianismo e da Igreja Católica Romana a minha casa espiritual – nomeadamente o fato de se tratar de uma *religião de paradoxos* –, e aquilo que eu, seguindo as pegadas de Pascal, Kierkegaard, Chesterton e Graham Greene, ponderara e descrevera de uma forma tão complicada, fora descoberto, experimentado e descrito por aquela "Florzinha" na sua linguagem e estilo tão característicos. Aquilo em que eu acreditava era, de fato, o seu "pequeno caminho" visto de um ângulo diferente, a sua vereda de infância espiritual, que, na verdade, não tem nada em comum com a infantilidade, embora muitas vezes tenda a ser apresentada e propagada como tal.

Numa conferência que fiz há vários anos, comparei essa "Florzinha" a Friedrich Nietzsche e chamei "irmãos" a estes dois contemporâneos espirituais tão diferentes. Nessa época não fazia ideia de que não fora o primeiro, nem de longe o único, a estabelecer essa comparação. (Aliás, tendo em conta a minha predileção por paradoxos, a minha percepção ocasional de que "descobri" uma coisa que alguns sábios já tinham descoberto antes, encheu-me de um sentimento perfeitamente paradoxal que era, ao mesmo tempo, de satisfação e de frustração, de orgulho e de humildade.)

Nietzsche e Teresa viveram ambos no autoconfiante mundo da ciência e do progresso próprio do século XIX, que, embora poucos o percebessem na época, transbordava de ilusões e de ingenuidade, e que em breve seria ultrapassado. Foi também um período de piedade, ao mesmo tempo docemente sentimental e cheio de lúgubres moralismos, rigores, conquista de méritos e cultura de virtudes (essa versão piedosa da velha heresia pelagiana), e de um fascínio obsessivamente neurótico pelo pecado. Além disso, tanto Nietzsche como Teresa voltaram as costas a essas características do seu tempo – embora de formas e em circunstâncias muito diferentes – e às sutis tentações existentes no seu ambiente espiritual.

Antes de morrer, a jovem carmelita experimentou grandes conflitos espirituais e uma enorme escuridão interior. Nessa *noite de provação*, a sua morte iminente apareceu-lhe, certo dia – como ela afirma literalmente

–, como uma *noite do nada*. "Já não acredito na vida eterna: sinto que não há nada para lá desta vida mortal", escreveria esta Doutora da Igreja. "A minha mente está dominada pelos argumentos dos piores materialistas" foi outra das suas genuínas expressões. Teresa não só viria a conhecer o colapso da doce vida de piedade que sempre conhecera até então, mas o seu anterior e profundo sentimento da proximidade de Deus viria a ser tragado pelo nevoeiro, pela escuridão e pelo vazio. Deu consigo "longe de todos os sóis", se me é permitido descrever a sua experiência utilizando as palavras que o louco de Nietzsche emprega na sua torrente de sugestivas metáforas para resumir a morte de Deus.[1] Teresa descreve como Cristo a conduziu a um espaço subterrâneo, "onde já não brilha sol nenhum".

Quando uma pessoa está à beira da morte, não é certamente excepcional, mesmo para aqueles que têm uma fé profunda, passar por provas semelhantes, como se estivessem participando do doloroso mistério do processo da morte de Cristo, que podemos apenas vislumbrar no seu grito na cruz: "Meu Deus, meu Deus, por que me abandonaste?" – grito esse que só um dos evangelistas teve a coragem de registar. Mas há, aqui, mais qualquer coisa a referir. A Madre Inês, que teve as últimas conversas com Teresa, moribunda, foi a primeira editora (e rigorosa censora) dos seus escritos, e definiu o estado mental de Teresa (na tradição do misticismo carmelita) como uma "noite escura do espírito", formulando as suas declarações com base nisso; mas, ao fazê-lo, porém, não conseguiu apreender aquilo que houve de verdadeiramente original, novo e único em Teresa de Lisieux, algo que, como é compreensível, está ausente no caso tanto da "grande Teresa" de Ávila quanto de João da Cruz.

O princípio de "Teresinha" era "aceitar até os pensamentos mais estranhos" por amor a Deus. Assim, o que é mais notável acerca de Teresa é a forma como aceitou e percebeu o seu combate com Deus, com as trevas e com o abandono, a sua experiência da ausência de Deus e do eclipse da

---

[1] Cf. FRIEDRICH NIETZSCHE, *The Gay science* [*A Gaia ciência*], ed. Walter Kaufmann, Nova York, Vintage, 1974, pp. 181-82.

sua fé. Teresa aceitou-o como um sinal de solidariedade para com os não crentes.

Esta jovem mulher, que crescera em uma família de uma pequena cidade mais fanática do que piedosa, e que nem sequer se libertou desse ambiente ao entrar para o convento (onde as suas três irmãs também tinham entrado), provavelmente nunca tenha visto um ateu de perto, na sua vida. No seu diário, escreve ela que, antes da fatídica Páscoa de 1896 – quando as suas hemorragias, na Sexta-feira Santa, lhe deram a entender que ela própria já estava pregada na cruz de uma doença incurável e às portas da morte –, *não acreditava que existissem ateus*. Considerava-os simplesmente pessoas que "contradiziam as suas próprias convicções". (De fato, ainda hoje, é assim que milhões de pessoas, fora da civilização ocidental, continuam a reagir quando ouvem falar de ateus: não conseguem imaginar que tal atitude seja possível.)

Mas, nessa altura – continua Teresa –, Cristo revelou-lhe que havia realmente pessoas que viviam sem fé nenhuma. E esse fato – esse ateísmo não era apenas uma "ilusão" ou uma pecaminosa autodesilusão e decepção em relação aos outros, e devia ser levado muito a sério – foi confirmado quando ela foi privada das suas próprias certezas de fé. Já não conseguia se beneficiar das suas anteriores certezas religiosas, já não conseguia desfrutar da luz e da alegria de uma fé semelhante à das crianças. Um dos seus biógrafos refere que a palavra *jouissance* (gozar de um benefício), que Teresa usa aqui, significava genuinamente, na linguagem da sua época, poder usar uma propriedade, ter prazer por possuir alguma coisa; Teresa deixaria de *ter* fé, *deixaria de* possuir a segurança da mesma.[2]

Teresa declara que considera os não crentes *seus irmãos*, com os quais *se senta à mesma mesa e come do mesmo pão* – e pede a Jesus que não a expulse daí. Ao contrário deles, Teresa tem consciência da *amargura* desse pão, porque, em contraposição com eles, conheceu a alegria da proximidade de Deus (embora a recordação da mesma, agora, sirva apenas para

---

[2] JEAN-FRANÇOIS SIX, *Vie de Thérèse de Lisieux*, Paris, Seuil, 1975.

aumentar a sua dor), ao passo que as pessoas indiferentes a Deus não costumam ter consciência do peso e da tragédia da sua situação. Com efeito, é só graças à sua anterior experiência de fé que ela consegue sentir profundamente o verdadeiro drama do abandono de Deus, bem como descobrir e experimentar o rosto oculto do ateísmo, que muitos aceitam de ânimo tão leve. (De igual modo, como veremos mais tarde, o *louco* de Nietzsche surge no meio daqueles *que não acreditam em Deus* e que não se apercebem de qualquer problema com o ateísmo, que agora consideram um dado adquirido, a fim de lhes revelar a verdadeira natureza e consequência de eles próprios *terem matado Deus*.)

Essa atitude diante dos não crentes era estranha à Igreja da época de Teresa, que considerava o ateísmo um erro, um engano e, acima de tudo, um pecado. É provável que algumas monjas rezassem pelos não crentes e fizessem sacrifícios por eles, desejando ser *mães* deles e madrinhas da sua conversão. Teresa, pelo contrário, queria ser sua *irmã* e considerava-os explicitamente seus irmãos.[3]

A Igreja francesa desse período estava embrenhada em uma ação defensiva desesperada contra o ateísmo emergente. Quanto menos percebia e reconhecia até que ponto a sua teologia completamente árida contribuía para o secularismo da época, mais desesperadamente procurava inimigos exteriores e agentes infiltrados dentro das suas próprias fileiras. A culpa era toda de uma conspiração mundial de judeus e da francomaçonaria. (Nesse mesmo período, Drumont agitou a bandeira do antissemitismo e do nacionalismo militantes, e a "bíblia do antissemitismo" de Gougenot des Mousseaux era lida com avidez: A francomaçonaria era considerada "um instrumento do Judaísmo para destruir o Cristianismo e para estabelecer a Igreja de Satanás".) Foi desencadeada dentro da Igreja uma campanha paranoica contra o "modernismo", rejeitando qualquer outra abordagem ao pensamento moderno que não fosse a "defesa circular".

---

[3] Também mencionado por Jean-François Six, na citada biografia de Santa Teresa, no contexto da Igreja da sua época.

Numa época em que muitos padres escreviam tratados de apologética e pregavam sermões devastadores contra o ateísmo – ou porque isso fazia parte do seu "emprego" ou porque afogava as suas próprias dúvidas –, essa jovem mulher da Normandia *manifestava solidariedade para com os ateus* de uma forma notável e via o ateísmo como um cálice de dor, da qual ela bebia agora até as entranhas, na sua própria noite do Getsêmani.

Na *Vida de Jesus*, de François Mauriac, em que o autor descreve Jesus rezando no Getsêmani, suando sangue, enquanto os apóstolos dormem, escreve o seguinte: "O Filho de Homem tornou-se um pêndulo entre o torpor do homem e a ausência de Deus: entre o Pai ausente e o amigo adormecido". De igual modo, Teresa também se tornou um pêndulo entre um mundo não crente e um céu surdo; é precisamente essa a sua mensagem, *é essa a lição dada por esta Doutora da Igreja do nosso tempo.*

Só a partir desse lugar de incerteza pode cair a "chuva de graças", a chuva de rosas que, segundo consta, Teresa teria prometido enviar para a terra e com a qual costuma ser representada naquelas piedosas imagens açucaradas presentes em quase todas as igrejas católicas do planeta. Não se trata de flores artificiais nem de rosas de papel perfumado: *não há rosas sem espinhos.*

O ano passado li aquela que talvez seja a biografia mais exaustiva e profunda de Santa Teresa, da autoria do teólogo americano Thomas Nevin.[4] Livre dessas capas da imagem piedosa de edições anteriores, o autor, que estudara a fundo os autênticos e não censurados textos de Teresa, chegou à convincente, embora um pouco chocante, conclusão de que esta Santa e Doutora da Igreja *morreu sem fé*, sem acreditar literalmente no céu e na vida eterna. E Nevin não se limita apenas a fazer uma análise do estado mental da moribunda; o tema por ele abordado representa um problema teológico mais sério e universal.[5] Haverá alguma coisa que possa "substituir

---

[4] T. R. NEVIN, *Therese of Lisieux, God's Gentle Warrior*, Nova York, Oxford Press, 2006.
[5] Apesar disso, no seu breve ensaio por ocasião do centenário de Teresa de Lisieux, Karl Rahner, um dos maiores teólogos do século XX, considerou que o que foi mais importante e notável foi o fato de a Igreja ter reconhecido a sua estranha morte na escuridão como uma

a fé", quando esta morre na cruz das nossas dores, dúvidas e perguntas sem resposta?

À beira da morte, Teresa confessa que "perdeu a fé", bem como todas as suas certezas e luz – *agora, já só é capaz de amar.* Teresa "não vê" Deus à luz da fé, mas, apesar disso, relaciona-se com ele com um amor apaixonado. De repente, a sua juvenil decisão de que a sua vocação *seria amar no coração da Igreja* perde qualquer possível matiz de sentimentalismo. Deus está terrivelmente distante; a mulher moribunda experimenta apenas um vazio insondável. Ela é incapaz de o preencher com a fé, porque, no meio da sua fé, perde o seu "sujeito"; é como a ponte de Avinhão que não chegou até a outra margem. No entanto, nas profundezas do seu sofrimento, mantém-se aquilo a que ela se dedicou na aurora da vida adulta, e que pacientemente exercitou mesmo quando se confrontou com várias expressões de desprezo por parte das suas irmãs do convento: o amor paciente. "O amor é paciente, o amor é prestável, não é invejoso... suporta tudo", escreve o Apóstolo Paulo.[6]

Às portas da morte, Teresa experimentara alguma coisa desse estado final descrito por São Paulo na sua Carta aos Coríntios: esse estado último, quando tudo seria transformado em nada? Talvez as suas palavras também se apliquem à fé e à esperança, por terem "cumprido a sua missão" de nos acompanhar ao longo do vale de trevas deste mundo ambíguo... Mas o amor prevalece?[7] Seria o inferno do sofrimento e das trevas interiores de Teresa, paradoxalmente, a entrada de um "céu", onde apenas uma das três virtudes divinas sobrevive?

Teresa é uma mestra do paradoxo; o seu "pequeno caminho" é, em poucas palavras, um paradoxo que a absorveu completamente, o familiar

---

"morte santa", não só mediante a sua canonização oficial, mas também através de um século de fervorosa veneração (cf. KARL RAHNER, Tod als Aufgabe des Lichts. In: *Im Herzen der Kirche: Therese von Lisieux und ihre Sendung*, Mariazell, Verlag Christliche Innerlichkeit, 1973, pp. 34-36).

[6] Cf. 1Cor 13,4.7.
[7] Cf. 1Cor 13,8.

paradoxo das cartas de São Paulo: as grandes coisas são reveladas nas coisas pequenas; a sabedoria de Deus é revelada na loucura humana (e vice-versa); a força de Deus é revelada na fraqueza humana.

Teresa ensinou uma fé que é criativa, porque é capaz de *reinterpretar situações da vida* e de encontrar nelas um significado novo, oculto e mais profundo – um significado que constitui, muitas vezes, a antítese de como essas situações se revelam ao olhar exterior.

Enquanto a Igreja da época de Teresa pregava o pavor do pecado e uma ascensão sistemática até a última virtude e perfeição espiritual e moral, Teresa – seguindo plenamente o espírito das cartas de São Paulo – ensinava a necessidade de aceitar com alegria e gratidão a própria fraqueza, como um espaço onde a bondade e a misericórdia de Deus pudessem entrar (ao passo que à virtude altaneira é recusada a entrada). Escreve ela que aqueles que sobem, desde há muito, no monte da virtude, deveriam aceitar com humilde alegria o seu próprio colapso e queda, desejados por Deus, porque Deus não os espera nas "alturas" sonhadas, mas precisamente no fundo, "nas profundezas do fértil vale da humildade".

Numa época em que os líderes espirituais ensinavam os crentes a colecionar, contar e a registar cuidadosamente os seus bons atos, Teresa rejeitava firmemente esse tipo de contabilidade: *eu não conto nada*. Limito-me a fazer tudo por amor – e, se depois, ficar de mãos vazias e completamente pobre, nas fileiras daqueles que colecionaram, contaram e registaram os seus méritos, não será essa, afinal, a pobreza a que se refere Cristo no Sermão da Montanha: Bem-aventurados os pobres?

Hans Urs von Balthasar descreve a nossa jovem monja (que, aliás, foi fotografada vestida de Joana d'Arc, para interpretar o papel da sua heroína preferida, numa peça encenada no convento) como uma guerreira nata, cujos textos pululam de símbolos de batalha: lutou contra tudo o que lhe parecia ser uma continuação dos fariseus, "contra esse desejo de poder disfarçado sob o manto da religião que leva as pessoas a afirmar a própria grandeza, em vez de reconhecer que só Deus é grande... contra toda a prática ascética cuja meta não é Deus, mas a própria 'perfeição', e que não passa de um tratamento de beleza espiritual".[8]

Usando esse tom, Teresa tenta *reinterpretar* a sua própria dolorosa experiência do abandono de Deus como um dom e um desafio especial – mas também como uma cruz sob a qual os seus joelhos se vergam; acabaria até por recusar as tentativas das suas irmãs de lhe apresentarem a sua morte como um "sofrimento heroico", no espírito das biografias de mau gosto dos santos. E o fato de Teresa interpretar os seus estados de abandono de Deus, como partilhar a mesa com os não crentes significa que ela também cria um espaço para *reinterpretar o seu ateísmo*: aquilo que eles aceitam com indiferença e como dado adquirido (como aquelas pessoas abordadas no mercado pelo "louco" de Nietzsche) é, na verdade, um estado de escuridão "longe de todos os sóis".

Para Nietzsche, olhar para o abismo que se abre depois da "morte de Deus" representava uma oportunidade e um desafio de preencher o espaço resultante com um novo tipo de humanidade: o super-homem. No caso de Teresa, podemos assumir que ela interpretaria tradicionalmente a sua experiência desse abismo como um sacrifício, destinado a fazer regressar os pecadores não crentes ao seio da Igreja – sendo natural encontrar textos da sua autoria que sugerem essa interpretação (não pretendo entrar aqui na questão, bastante complexa, de até que ponto podemos reconhecer a verdadeira voz de Teresa sob a censura, as interpretações errôneas e os retoques dos seus piedosos editores).

Não seria de admirar, portanto, que os ateus rejeitassem a interpretação feita por Teresa do rosto oculto do seu ateísmo como um "favor não solicitado", como uma projeção romântica da sua própria imagem, que não os respeita, a forma como se compreendem a si próprios, a sua diferença e o seu direito a ser quem são, tentando, pelo contrário, manipulá-los (talvez

---

[8] Hans Urs von Balthasar, *Therese of Lisieux*, trad. por Donald Nicholl, Nova York, Sheed and Ward, 1954.

até mediante alguma forma de chantagem emocional), a fim de que voltem para onde eles próprios não querem ir.

Contudo, se estou correto na forma como entendo Teresa e o seu caminho através do paradoxo e da reinterpretação constante, então a sua preocupação era outra: não era apenas atrair de novo esses não crentes para o coração da Igreja, mas antes alargar esse coração, incluindo nele a sua experiência de escuridão. Pela sua solidariedade para com os não crentes, Teresa conquista *novo território* (bem como os seus habitantes) para uma Igreja, que, anteriormente, se apresentava fechada em demasia.

Teresa inspira-nos uma fé que não se retira covardemente para os redutos das suas certezas, quando confrontada pelo desafio do ateísmo, que não dispara contra as trincheiras os argumentos dos apologistas militantes a partir de uma posição segura, mas que, em vez disso, entra "desarmada" e com muito mais coragem no "acampamento dos não crentes" – como São Francisco fez, certo dia, no acampamento do sultão –, trazendo daí um novo "troféu" para a sala do tesouro da fé: a experiência de um Deus distante, vivida pelos ateus. A partir de então, a "verdade existencial do ateísmo", essa experiência de dor que fora anteriormente a "rocha do ateísmo", também passa a fazer parte da *sala do tesouro da fé*. A fé assim construída e vivida com autenticidade e paciência nas profundezas da noite, traz agora em si uma experiência existencial. Não lhe falta nada daquilo que faz parte da condição humana. Carrega, inclusivamente, a noite das pessoas.

O fato de Teresa ser o "amor no coração da Igreja", um amor que brilha até na noite da fé, que se mantém mesmo quando a fé "morreu", prova que esse amor – e por isso também o misterioso "coração da Igreja", a sua profunda dimensão oculta – é muito mais vasto, profundo e generoso do que anteriormente parecia ou parece, visto do exterior. Há um lugar, aqui, até mesmo para aqueles cujas certezas (e, acima de tudo, todas as "certezas religiosas") foram abaladas, arrancadas pela raiz ou lançadas para as trevas. Com efeito, não estão essas pessoas a um passo apenas dessa abençoada pobreza ou "privação" espiritual de que falava Mestre Eckhart, "não saber nada, não ter nada, não ser nada"?

A dialética do vazio e da saciedade é familiar a muitos místicos, e não só aos cristãos. Só essa pobreza pode ser completamente preenchida por Deus. Só a partir das profundezas desse abismo se pode vislumbrar "a largura e o comprimento, a altura e a profundidade, e conhecer o amor de Cristo que exede a todo conhecimento", a que se refere Paulo nos seus escritos (Ef 3,19). Se o amor ultrapassa a fé no caminho para a meta final, sobrevive à "morte da fé", quer dizer que também é capaz de abraçar os não crentes e a sua descrença. Expressarei aqui aquilo que se tornará evidente a partir de vários ângulos nas deliberações deste livro: *a fé só poderá vencer a descrença abraçando-a*.

Sim, é justo que Teresa seja a mestra da Igreja do nosso tempo, embora não tenha escrito qualquer tratado de teologia. A sua experiência da distância de Deus e a sua relação com os não crentes talvez seja mais atual para nós do que as obras de muitos volumes de outros Doutores da fé e Padres da Igreja. "Teresinha" mostra-nos, mais claramente do que outros santos, onde se encontra o coração da Igreja e o que acontece dentro dele. Ela pode trazer para o próprio coração da Igreja algo que hoje, mais do que nunca, precisamos urgentemente aprender.

Hans Urs von Balthasar apercebeu-se de paralelos impressionantes entre a ênfase dada por Teresa à graça (em contraste com a ênfase então generalizada, atribuída aos atos, aos méritos, à cultura da "perfeição" e aos exercícios ascéticos) e as preocupações de Lutero e dos reformistas. E acrescenta um comentário notável: "Foi um erro de Lutero ter profanado as verdades místicas, que pressupõem um intercâmbio íntimo de amor entre Deus e o homem, tratando-os como fórmulas gerais para a relação do pecador com Deus... O erro de Teresa foi ter restringido todo o drama entre Deus e a alma àquilo que aconteceu no seu próprio caso excepcional".[9] É tudo o que von Balthasar tem a dizer sobre este assunto.

---

[9] Ibid.

A "experiência mística da torre" de Lutero deu origem a uma teologia da justificação com base numa fé confiante; aquilo que se manteve, na memória da Igreja, das experiências místicas de Teresa foi o "pequeno caminho" como um estilo de espiritualidade particular, um caminho pessoal para a maturidade espiritual. Será que ainda não chegou o tempo de o caminho espiritual de Teresa, e de modo particular a "solidariedade para com os não crentes", ser uma inspiração como chave hermenêutica *para uma nova reflexão teológica sobre a sociedade atual, o seu ambiente espiritual e a missão da Igreja nos dias de hoje?*

Será que isso não sugere um caminho novo e ainda por trilhar, para aceitar, de uma forma muito mais radical do que jamais acontecera, o desafio do último Concílio do Vaticano: entabular o diálogo com o ateísmo do nosso tempo – ou seja, livrar dos demônios, por completo, os "não crentes" e reinterpretar, pelo menos, um certo tipo de "descrença" como perspectiva "a partir do outro lado" do íngreme cume do monte "coberto de nuvens" do impenetrável mistério divino? Mostrar o ateísmo não como uma *mentira*, mas como uma *verdade incompleta*? Mostrar a fé viva, não como uma série de preceitos poeirentos, mas como um caminho para a maturação, que inclui até vales do "silêncio de Deus"... Mas que, ao contrário dos fornecedores de "certezas", não as contorna nem abandona qualquer busca ulterior: pelo contrário, continua a avançar pacientemente.

"Livrar dos demônios os não crentes" significa respeitar a regra de que é necessário "distinguir o pecado do pecador". Será o ateísmo um pecado? É, sim, mas mais no sentido de uma *dívida* (como nas primeiras traduções da Oração do Senhor, ou nas várias línguas em que a palavra que designa pecado e dívida é a mesma – o latim *debitum* ou o alemão *Schuld*). É um trabalho incompleto, uma questão ainda por resolver, um edifício por terminar. É um prato não completamente preparado e, por isso, insosso, que precisa de uma pitada do sal da fé. O ateísmo constitui uma útil antítese do ingênuo e vulgar teísmo – mas é necessário dar mais um passo para a síntese e para a fé madura. A fé madura inclui a expiração e a inspiração, tanto de noite como de dia; o ateísmo é apenas um fragmento "respiratório".

Contudo, não devemos cair vítimas do triunfalismo ou do orgulho nestas reflexões – devemos ter consciência de que até a "fé madura" continua a ser uma realidade incompleta naquilo que nos diz respeito (e, se quisermos completar essa tarefa, devemos levar a sério a experiência do ateísmo), em vez de algo que já possuímos e que poderíamos considerar nossa "propriedade". Também nós ainda temos de dar resposta ao desafio da Carta aos Hebreus: "Deixando de lado o ensinamento elementar a respeito de Cristo, elevemo-nos a uma perfeição... É isto o que faremos, se a tanto Deus nos ajudar" (Hb 6,1.3).

Enquanto reflito sobre o parentesco espiritual de Teresa com os distantes, ocorre-me outra comparação. Hoje em dia, é muitas vezes taticamente ignorado o fato de que, ao longo da sua agitada obra revivalista, São Maximiliano Kolbe, padre da Ordem Franciscana conventual e mártir de Auschwitz, se deixou consumir por um espírito semelhante de luta fanática contra os "judeus e a francomaçonaria", que prevalecia nos círculos nacionalistas e antissemitas do Catolicismo francês da época de Teresa, pelo mesmo pavor de que Satanás estivesse prestes a desfraldar a bandeira negra da anarquia sobre a Basílica de São Pedro, em Roma. Por fim, por uma estranha ironia da história, Deus colocou esse "justo Jó" – pela mão de um Satanás muito diferente daquele que ele esperava, o nacional-socialismo alemão – no inferno do Holocausto, a fim de que ele pudesse manifestar solidariedade, não só em visões espirituais, mas através do seu martírio, com os milhões de judeus e de outras vítimas do nazismo, incluindo comunistas, liberais e muitos outros "infiéis", que ele tanto temera no passado.

A noite em que Maximiliano Kolbe foi lançado, e em que passou na prova como um mártir de extremo amor e solidariedade – oferecendo-se para aceitar a morte em lugar de outro prisioneiro –, não foi uma noite de provação semelhante à da jovem monja moribunda. Aqui, o abismo tenebroso "longe de todos os sóis" – o estado do mundo após a "morte de Deus"

– tornou-se uma horrenda realidade histórica. "A noite escura" transformara-se em uma noite coletiva, e não foi a única, não só num século XX que tanto se orgulhava do seu progresso e do seu racionalismo, mas também, ao que parece, neste século subsequente.

Uma jovem da Normandia foi lançada nas trevas daquilo que ainda tendia para uma espécie de "ateísmo intelectual" de finais do século XIX, enquanto para o inferno de Auschwitz – instrumento satânico de liquidação das pessoas escolhidas – foi enviado esse padre polaco e também uma carmelita judia, Edith Stein, que se convertera da cultura intelectual moderna. Levanta-se, inevitavelmente, a seguinte questão: Quem será aquela luz de Deus nas trevas do mal galopante do "terrorismo religioso"? Quem enviará Deus para sofrer essa forma particularmente refinada de afastamento de Deus "em nome de Deus"? Quem mostrará aos cristãos de hoje que não devemos responder à violência apenas com violência, nem invocar o nome de Deus em "guerras santas" sem Deus, e como é que eles se revelarão? Desse modo, nesses momentos dramáticos – e precisamente agora – será que devemos experimentar *solidariedade para com os próximos distantes*, distinguir o pecado do pecador, chamar o pecado pelo seu próprio nome, ao mesmo tempo que demonstramos aos que estão mais distantes de nós – não só por palavras, mas também por atos – *que lhes podemos chamar irmãos, mesmo que eles não nos queiram ver como tal?*

Nada menos do que Santo Agostinho disse aos cristãos da sua época, e diz-nos hoje: "O profeta dirige-se a alguns homens, dizendo: *Quando vos disserem: 'Não sois nossos irmãos', deveis responder-lhes: 'Sois nossos irmãos'. Considerai a quem ele se dirigia com estas palavras*". Sim, devemos considerá-lo, e considerá-lo seriamente!

Mas regressemos agora, por um momento, à cabeceira de Santa Teresa, acamada. Talvez alguém possa argumentar que Teresa não perdeu a fé, que perdeu apenas aquele sentimento de certeza religiosa, de certeza da proximidade de Deus; que a sua fé foi simplesmente despida, como Jesus o foi na cruz. Poderíamos recordar que João da Cruz, o grande mestre da sua Ordem, descrevera precisamente essa fé nua como a mais profunda e autêntica. Poderia ser enfatizado que a fé de Teresa certamente não se extinguiu, como no caso daquelas pessoas que a "dissolveram de forma imprudente no mundo" – ela, pelo contrário, "dissolvera-a no amor". Mas tentemos, agora, ser mais piedosos do que a própria santa ou mais sábios do que essa doutora da fé. Interroguemo-nos antes – como já referimos – se a sua experiência espiritual entre a vida e a morte pode ser um "sinal dos tempos" para nós, hoje.

Algumas das visões escatológicas do Novo Testamento, como as palavras de São Paulo já mencionadas e, em particular, as passagens finais do Apocalipse, dizem-nos claramente que no Reino dos Céus não haverá religião; a fé desaparecerá e o templo deixará de existir.[10] Permitam-me que formule uma pergunta que me impressionou neste contexto, embora, à primeira vista, possa parecer loucura e blasfêmia a alguns. (Porventura a própria Santa Teresa não disse que, por amor a Deus, estava disposta a aceitar *até os pensamentos mais estranhos?*)

A minha pergunta é esta: Não seria um certo tipo de perda de fé, na nossa época, uma espécie de "antegozo" do Reino dos Céus? Poderia ser respondido com uma clara negativa: na melhor das hipóteses, o ateísmo só pode ser uma caricatura satânica do céu. No céu já não haverá fé, mas haverá a *visio beatifica*, a "visão beatífica"; Deus será, finalmente, visto face a face. Ali não haverá templo, porque o próprio Cristo, o cordeiro apocalíptico, será o seu templo e a sua luz.

O filósofo pós-modernista Gianni Vattimo afirma que a presente sociedade secular está cheia da *quenose* de Cristo – do seu autoesvaziamento, no sentido do hino de São Paulo[11] –, sendo assim o culminar lógico da história do Cristianismo e a "era do Espírito Santo" profetizada por Joachim

---

[10] Cf. Ap 21,22.
[11] Fl 2,6-11.

de Fiore.[12] A autora Gertrud von Le Fort sugeriu, nos seus romances: *Die Magdeburgische Hochzeit* [O casamento de Magdeburgo] e *Die Abberufung der Jungfrau von Barby* [O êxtase da Virgem de Barby], que a destruição de igrejas, na época das guerras religiosas, eram, de certo modo, o cumprimento da visão dos místicos – em particular de Mestre Eckhart – de que era necessário chegar à visão de Deus "sem imagens".

Há, decididamente, tantos tipos de ateísmo como de fé. Há o ateísmo frívolo que, tal como Esaú, vende a sua herança de fé a troco de um prato de lentilhas. Há um "esquecimento de Deus" que preenche imediatamente o espaço deixado vago com ídolos substitutos de todos os tipos. Há um ateísmo sobranceiro, para o qual "Deus não deve existir", a menos que eclipse a imensidão do ego humano que procura assumir o controle do trono da divindade: "Se houvesse deuses, como suportaria eu não ser um deles?". Há um ateísmo libertador que, finalmente, se libertou do seu deus imaginário, da sua própria projeção, que o aterrorizava há anos. Há ainda um triste e doloroso ateísmo: "Eu gostava de acreditar, mas há tanta amargura dentro de mim, por causa do meu próprio sofrimento e da dor do mundo, que sou incapaz de acreditar".

E comparável a tudo isso há precisamente a "perda da fé" que temos em mente: a morte da fé na cruz do nosso mundo, a hora em que o indivíduo mergulha nas trevas interiores e exteriores, "longe de todos os sóis". É assim que a cruz aparece aos olhos do nosso mundo. É a isso que o indivíduo humano se assemelha, quando a escura sombra da cruz cai sobre ele – muitos o experimentaram durante particulares acontecimentos históricos ou em momentos particulares das suas vidas. A história do Evangelho e este tipo de ateísmo entrecruzam-se no momento do grito de Jesus na cruz: "Meu Deus, por que me abandonaste?". Chesterton apresenta essa relação numa passagem notável: "Deixemos que os ateus escolham um deus para si. Encontrarão apenas uma divindade que alguma vez manifestou o seu

---

[12] Cf. GIANNI VATTIMO, *After Christianity*, trad. de Luca D'Isanto, Nova York, Columbia University Press, 2002.

isolamento; encontrarão apenas uma religião em que Deus, por um instante, pareceu ser um ateu".[13]

Apesar disso, a mensagem subjacente do Evangelho é que essa não é a única perspectiva possível, não é a última palavra. É apenas "a verdade de Sexta-feira Santa", mas, depois dela – depois da longa e silenciosa espera de Sábado Santo –, vem o novo dia que traz ainda *outra mensagem*, não menos verdadeira – embora muitos tenham adormecido, perdendo assim essas primeiras horas da manhã.

São João da Cruz, o místico da noite escura da alma, que também era um poeta, músico e pintor dotado, deixou-nos um desenho da crucifixão *visto de cima*, segundo a perspectiva do Pai; foi esse desenho que muitos séculos mais tarde inspirou a pintura de Salvador Dali. Visto de cima, esse momento tenebroso assume um aspecto bastante diferente: a derrota é vitória... é a "morte da morte". O homem não cai numa escuridão infindável, mas regressa a casa, à plena luz da verdade: a fé já cumpriu a sua missão peregrina; agora, só reina o amor. Isso não *apagará a fé, mas a levará ao seu cumprimento*; se a fé "morre", só morre dissolvendo-se no amor – mas até essa morte pode ser experimentada como uma passagem pelo abismo tenebroso do nada.

A fé cristã – ao contrário da "religiosidade natural" e da religiosidade fácil e despreocupada – é uma *fé ressuscitada*, uma fé que tem de morrer na cruz, de ser enterrada e de voltar à vida, de uma *forma nova*. Essa fé é um processo... E é possível que as pessoas se encontrem em várias fases desse processo, em diversos momentos da sua vida.

Tenho ouvido, muitas vezes, o comentário irônico de que a fé é apenas "uma muleta" para ajudar aqueles dentre nós que são fracos e coxos, ao passo que os fortes não precisam dela. A fé não é "uma muleta", mas poderia ser comparada a um cajado de peregrino que nos ajuda na nossa caminhada ao longo da vida. Talvez este caia das mãos, quando alguém estiver prestes a atravessar o limiar de casa, quando o cajado já não for preciso;

---

[13] GILBERT K. CHESTERTON, *Orthodoxy*, Nova York, Dodd, Mead & Co., 1908.

não será de admirar que, nesse momento, essa pessoa perca o equilíbrio por um momento. "Visto do outro lado" – do ponto de vista que, aqui na terra, nós só podemos experimentar como uma garantia, como uma esperança –, para lá desse limiar, no momento em que perdemos todos os apoios e certezas, aí nos espera um abraço de amor que não nos deixará cair no vazio.

A fé converte-se em amor – por vezes, só na porta final; em outros casos, talvez mais cedo. Quando a fé se apaga, o amor continua a arder, por isso as trevas não podem ter a vitória final. Esse amor é o nosso ou o dele? Tal pergunta não faz sentido. Existe apenas um amor.

Devemos então temer a era do secularismo, do ateísmo e do "arrefecimento da fé de muita gente", ou podemos ver nela um misterioso contributo do tempo da história para o drama da Páscoa, para o silêncio de Sábado Santo, quando, superficialmente, nada acontece – quando, como é tradição nas igrejas tchecas, os sacrários são abertos e ficam vazios sobre os altares, e as pessoas se ajoelham diante do "Túmulo de Deus" –, mas algures, "muito abaixo", tem lugar um poderoso combate entre a vida e a morte? Será que nesses momentos podemos perseverar e procurar o seu significado, sem imediatamente nos apercebermos de forma demasiado precipitada, a cada "retorno da religião", do esplendor da manhã da Páscoa prometida?

Eu vivi um período, na história bastante recente do meu país, em que a religião e a Igreja estavam praticamente erradicadas da vida pública. O ateísmo estatal, a *civitas terrena*, a "cidade secular" parecia ter triunfado. Encontrei, pela primeira vez, uma Igreja viva, quando já estava no limiar da idade adulta. Pressenti que "alguma coisa ainda estava para acontecer" em algumas das Igrejas, que nem todas eram apenas museus, e que em alguma parte ainda sobrevivera algo do mundo dos crentes, do mundo do passado. Nunca me ocorreu minimamente que, um dia, isso poderia afetar de algum modo o meu mundo e a minha vida. Mas foi precisamente nessas circunstâncias, nesse período, nesse mundo "sem imagens", que a minha fé veio à luz.

Lembro-me bem do momento em que, como um rapaz romântico de dezoito anos, que mal começara a ler a Bíblia (ainda precisava encontrar alguém que me dissesse como é um disparate ler a Bíblia como um romance "de uma ponta à outra"), entrei pela primeira vez em uma igreja – estava dilapidada e o seu telhado ruíra, como muitas das igrejas situadas nas zonas fronteiriças tchecas, nessa época –, a fim de me decidir se acreditava em Deus ou não. E, é verdade, essa igreja em ruínas – uma igreja completamente desprovida de imagens, que nem sequer tinha um altar – era um lugar onde Deus conseguia falar a quem o procurava.

Como é óbvio, as ideias que então me conduziram à fé não caíram sem mais nem menos do nada. Havia a Bíblia, que fora passando de geração em geração. Havia livros escritos por cristãos. Havia provas de fé na música, na arquitetura e na pintura, que só mais tarde, como é óbvio, fui capaz de ir decifrando gradualmente como "sinais de fé". Havia pessoas que não eram propriamente "de Igreja", mas que tinham "qualquer coisa" presente na sua mentalidade e no seu comportamento, ou na sua memória ou subconsciente. Quando "a faísca saltou", foi-se tornando cada vez mais claro para mim que tudo em volta encerrava muitos vestígios de Cristianismo.

Mal começara a sentir curiosidade e a espreitar do meu esconderijo no alto da árvore, quando *Jesus passou* – e ele havia de se virar para cima, uma e outra vez, de muitas formas, até que eu, a certa altura, o ouvi com clareza suficiente e percebi que ele me chamava pelo nome.

Naturalmente, tinha de haver uma Igreja presente, para que eu e muitos outros como eu pudéssemos – de vários modos – "arriscar, para comprar" o tesouro escondido no campo. Ela estivera certamente presente ao longo de todos esses séculos e sobrevivera, sem dúvida, durante os períodos de perseguição – quer à custa de concessões, na margem da sociedade, quer clandestinamente, à custa de grandes riscos, incluindo o martírio. E o meu caminho também me conduziu da "conversão intelectual" ao encontro com cristãos de carne e osso. Muitos deles haviam tido conversões muito mais dramáticas do que a minha, e a partir de distâncias muito maiores, tendo de percorrer o seu caminho até Damasco e de se encontrar aí com cristãos, como aconteceu a Paulo, já não com hostilidade nem com intenções hostis, mas dispostos a aprender e ansiosos por serem aceitos.

Eu não subestimo a Igreja, portanto, embora a minha própria conversão tenha ocorrido, sobretudo, fora das suas paredes visíveis e não dentro "da família da fé". Não há dúvida de que a fé cristã tem uma legítima dimensão eclesiástica e não é uma simples questão particular. Contudo, não pretendo orientar todo o diálogo sobre a fé para o tema da Igreja, não desejo certamente argumentar sobre mexericos acerca de escândalos ocorridos na Igreja ou sobre especulações acerca das políticas eclesiásticas, e ainda menos sobre "o futuro da Igreja". Sempre que vejo uma Igreja em decadência – seja em que sentido for – não me desespero. Afinal, passei por inúmeros cristãos, ao longo do século XX, que viram e passaram por muito mais do que eu.

Eu não estremeço por causa dos buracos provocados no telhado da igreja por uma ou outra tempestade. Lembro-me de que foi através dessas aberturas que vislumbrei, pela primeira vez, o rosto de Deus.

CAPÍTULO 4

De pés descalços

Deus é mistério: deveria ser esta a primeira e a última frase de qualquer teologia. Sempre que escrevemos ou dizemos alguma coisa acerca de Deus, cada uma das nossas frases deveria ser acompanhada por dois anjos gritando: "Mistério! Mistério!", como é prática na liturgia do Oriente – à semelhança dos guerreiros de Israel, que marchavam para o combate precedido por cantores. Na minha escrivaninha, em Praga, tenho um grande anjo de madeira que me recorda: "Se vais escrever acerca de Deus, lembra-te que estás a entrar numa nuvem de enigma. Vê lá, não penses um momento sequer que conseguiste intuir suficientemente o seu mistério; o máximo que podes esperar é tocá-lo de leve por detrás, tal como a hemorroíssa tocou na orla do manto de Jesus".

Que podemos dizer acerca de Deus? Em primeiro e em último lugar, as palavras do salmo: "Nuvens e trevas o envolvem". Ou, na linguagem melodiosa da *Bíblia de Kralice*,[1] "entre os sons da arpa e dos címbalos, uma manta de nuvens o envolve". A fé e o ateísmo são duas visões dessa realidade – o ocultamento de Deus, a sua transcendência e o seu mistério impenetrável. São duas interpretações possíveis da mesma realidade, vistas de dois lados opostos.

---

[1] A *Bíblia de Kralice* (*Kralická Bible*) é uma esplêndida tradução publicada em seis volumes, em Kralice (Morávia), em 1579-93, dirigida pela União dos Irmãos Boêmios. Foi resultado de um minucioso trabalho filológico sobre os diversos textos bíblicos, novamente editados, e dos estudos humanísticos europeus sobre a Bíblia. Esta edição coroou a centenária tradição das versões bíblicas tchecas e constitui, pelas suas qualidades artísticas e linguísticas, um modelo perfeito do tcheco literário e o texto oficial da Bíblia.

Afirma São Tomás de Aquino que, embora seja possível convencermo-nos intelectualmente da existência de Deus, somos obrigados a acrescentar que não sabemos *quem* é Deus (o que é que ele é "em si próprio") e *como* é que ele é, e aquilo que o verbo "É" significa quando se refere a Deus. Isso ultrapassa toda a nossa experiência, toda a nossa imaginação, e o âmbito do nosso raciocínio; como Anselmo ensinava, Deus é maior do que tudo aquilo que possamos conceber. Deus *não é*, decididamente, no sentido de que *nós somos* ou de que as coisas *são*, ou de que o mundo *é*. É essa diferença radical entre a sua existência e a nossa existência no mundo que dá lugar à existência do ateísmo e do agnosticismo... E também da fé. Se Deus fosse vulgar e estivesse sempre "ao alcance da mão", não faria sentido na fé arrebatada, não implicaria coragem da esperança humana dizer "sim" diante do incompreensível, dizer esse "sim" diante de tudo o que nos impele a proferir um "não" resignado ou, na melhor das hipóteses, um cético "talvez". É, precisamente, por isso que a interminável confrontação entre fé e descrença é tão fascinante e dramática.

Apesar de tudo, a Bíblia é um livro de paradoxos – quase todas as suas afirmações são contrabalançadas por outras afirmações que são, ou parecem ser, os seus opostos, o que impede de nos espojarmos preguiçosamente à superfície das coisas ou na necrose pouco profunda das certezas ultrafáceis. Um dos paradoxos da Bíblia consiste em duas afirmações que devem ser tratadas com uma enorme cautela, de tal modo que uma contrabalance suavemente a outra: "Deus é um mistério impenetrável" (*Ele habita uma luz inacessível*), mas também Deus e o homem são semelhantes (*Deus criou o homem à sua própria imagem*).

"Deus criou o homem à sua imagem; à imagem de Deus o criou", lemos na primeira página da Escritura. Assim, Deus e o homem são, de certo modo, semelhantes. Contudo, se exagerarmos esta verdade, acabaremos com noções antropomórficas primitivas de Deus, e daí só falta um breve passo para a afirmação oposta dos ateus, segundo a qual o homem criou Deus à sua própria imagem.

Não obstante, Deus e o homem são "de certo modo" semelhantes, o que é extremamente importante para nós. Sim, inclusive para a nossa história de Zaqueu. A imagem de Deus não é um ser humano ideal e abstrato, do tipo representado em manuais de anatomia ou de ética, a ideia de homem, a "natureza humana", existente na imaginação dos teólogos, mas não no mundo e na história real. Cada ser humano – o leitor e eu, Zaqueu ontem e hoje – é uma imagem de Deus; *a infinitude de Deus pode ser representada apenas pela pluralidade infinita do mundo humano.* Cada um desses retratos de Deus é completamente diferente – mas cada um deles foi assinado pelo seu autor, cada um deles é autêntico, cada um deles é verdadeiro! À medida que preservarmos a nossa *originalidade* impressa e guardada por Deus – e não nos tornarmos uma cópia de outras pessoas: uma imagem *falsa* –, cada um de nós proclamará, através do nosso caráter único e inconfundível, algo novo e verdadeiro acerca de Deus e do seu inesgotável mistério.

E assim a interrogação levanta-se naturalmente: não será Zaqueu (estou certo de que já perceberam que ele é *a nossa imagem*, se não de todos nós, pelo menos de muitos dentre nós) – esse ser humano oculto, embora vigilante – também, de certo modo, um espelho, uma semelhança, um *retrato de Deus*, ou seja, *de um Deus oculto, embora vigilante?*

Desde tempos imemoriais, as pessoas – e, sobretudo, os teólogos – têm ansiado por espreitar para dentro dessa nuvem, por vislumbrar Deus *tal como ele é em si próprio*. Estará isso realmente fora de questão? Será essa visão realmente tão total e definitivamente inacessível como São Tomás pensava? Ou será que Deus, "oculto embora vigilante", se deixará afinal reconhecer mais intimamente no desenrolar e através de acontecimentos históricos do que os teólogos escolásticos foram capazes de compreender? Afinal, ele mostrou várias vezes o seu rosto e a sua paixão, bem como a dor do seu coração, na história do povo eleito (pondo à parte, para consideração posterior, a forma como se revelou na história da vida do seu Filho unigênito). Será que Deus não se revela de uma forma muito específica, no momento presente, em que muitos têm a impressão de que ele está *tentando por tudo tornar-se cada vez mais ausente*? Não terão uma rara oportunidade de receber uma nova intuição e compreensão espiritual aqueles que hoje em dia não deixaram de procurá-lo?

Falei em certa ocasião[2] da necessidade de nos abrirmos mais radicalmente ao mistério de Deus, de "colocarmos entre parênteses" muitas percepções familiares de Deus e de encontrarmos "o altar do deus desconhecido", tal como Paulo no Areópago. Imediatamente a seguir, um dos participantes enviou-me um breve texto do teólogo francês contemporâneo Joseph Moingt, que manifestava ideias semelhantes às minhas e que inspirou as minhas reflexões posteriores sobre o assunto.

Moingt perguntava com ousadia como é que Deus pode ser descoberto "tal como *é*": a única forma de Deus poder existir para nós, na nossa linguagem e no nosso mundo, é se o deixarmos existir como "nosso" Deus. Contudo, ele existe por si só, e nós só temos acesso a ele, à forma como ele é em si mesmo, na medida em que estivermos preparados para tentar fazer dele "nosso Deus", nossa propriedade, Deus à nossa imagem, guardião do nosso passado, que é importante para nós como uma confirmação da nossa identidade comum – na medida em que estivermos preparados para deixá-lo ser "Outro" e existir para os outros.[3]

Invocando as palavras de Jesus, "É de vosso interesse que eu parta" (Jo 16,7), Moingt incita-nos a *deixar que Deus parta*! Em outras palavras, a deixá-lo ir ter com outros! Partamos para descobrir que ele não é apenas "o Deus dos nossos pais", a herança que nos deixaram, mas também o "Deus dos outros". Só então descobriremos que ele é o único Deus universal, e não uma divindade particular entre as divindades do Império caldeu;

---

[2] Foi no Congresso Missionário Mundial, em Paris, 25 de agosto de 2006; retomarei estes pensamentos no capítulo 7 do presente livro.

[3] Cf. JOSEPH MOINGT, Laisser Dieu s'en aller. In: *Dieu, Église, Société*, Paris, Centurion, 1985.

precisamente por ser o único Deus universal, não é um Deus sobre o qual possamos deter qualquer monopólio.

E nem sequer devemos ter medo, afirma Moingt, se, no intervalo entre perder o "Deus dos pais" e encontrar *o caminho dos filhos* (já não uma "religião herdada", mas uma resposta livre à forma como o Espírito sopra hoje em dia), o ateísmo fizer a sua aparição: esse período de esvaziamento, de intercâmbios com estranhos, pode ser um período sem Deus, mas esse período de ausência é necessário, a fim de permitirmos a Deus que se ofereça a nós tal como *é*. Devemos deixá-lo vir na sua novidade, mesmo que então sejamos incapazes de reconhecer o Deus dos nossos pais naquele que vem de outro lugar.

A posição de Moingt constitui uma emulação radical de São Paulo. O apóstolo apresenta-nos o Cristianismo como uma fé capaz de se dissociar do seu passado, libertando-se de velhos costumes e certezas, rejeitando as particularidades e *indo ao encontro dos outros*. Paulo apresenta-nos o Cristianismo não como um aspecto de determinada ortodoxia ou ortopráxis, mas como uma nova *politeia* – uma nova forma de comunicação entre as pessoas e entre as sociedades. *A travessia feita por Paulo das fronteiras de Israel e o seu ir ao encontro das "nações" (dos pagãos) devem ser um paradigma de toda a história da Igreja.*

É isso que identifica especificamente os cristãos! De igual modo, a Igreja deve sair constantemente do seu passado cristão e ter a ousadia de deixar grande parte da sua "herança" para trás. Esta foi e continua a ser a sua missão. Mas, quando olhamos para a história, deparamos com uma imagem diferente. A Igreja rapidamente se refugiou em um novo particularismo muito próprio; a noção de um "novo Israel" não suscitou nela a coragem de ser constantemente *um povo a caminho*, atravessando, audacioso, todas as fronteiras. Em vez disso, passamos a tornar-nos um "segundo Israel", outra comunidade particular *a par de* Israel, em vez de um Israel verdadeiramente novo, que assumiria o aspecto dinâmico da fé do povo eleito – a partida de Abraão da sua pátria e o êxodo, saída do Egito e, acima de tudo, a travessia das fronteiras da Lei mosaica, das fronteiras do Judaísmo, realizada por Paulo, *em busca de todos os seres humanos, sem acepção de pessoas*. A Igreja tornou-se, antes, um novo grupo particular entre outros; começou a guardar as suas fronteiras e a transformar a sua fé em uma "herança dos pais", uma propriedade herdada. Segundo Moingt, a *helenização* do Cristianismo, que permitiu à Igreja primitiva deixar o contexto bastante estreito de uma única nação e entrar no contexto cultural muito mais vasto do mundo de então, conduziu, paradoxalmente, a uma nova "judaização" do Cristianismo e à fixação, novamente, em uma "única língua". No entanto, a Igreja deveria "falar todas as línguas", no sentido pentecostal, e não pressupor que o nosso Cristianismo é a língua com a qual Deus fala a todos e a qual cada um deve saber entender. Nós é que devemos tentar entender os outros; só assim poderemos tentar abordá-los de forma inteligível.

Moingt repete uma e outra vez: desistamos do "Deus dos pais" e encontremos o Pai de Jesus Cristo; tenhamos a coragem de deixar para trás a "religião herdada" e a nossa fixação infantil nas formas do passado, a troco da *fé dos filhos* – com tudo o que Jesus diz acerca da liberdade daqueles que não são escravos, mas filhos, amigos e companheiros. Paulo teve a coragem de rejeitar todas as "certezas" prévias e o "sossego do compromisso" como uma tentação – a tentação de procurar a salvação em outros lugares que não fossem a reconciliação de Deus com o mundo pelo sangue da cruz de Cristo. Não devemos tentar atenuar a novidade do Evangelho, agarrando-nos ao passado e permanecendo nos estreitos confins das tradições mais antigas; não devemos *esvaziar a cruz de Cristo*, que se tornou uma ponte de reconciliação, destruindo barreiras anteriores.

A chamada a abandonar o Deus dos pais e a substituí-lo pelo Pai de Jesus Cristo poderá, à primeira vista, fazer lembrar uma das mais antigas (e mais perigosas) heresias: a tentativa de Marcião de colocar em antagonismo o Deus do Antigo Testamento e o Pai de Jesus Cristo. Perante essa heresia, a Igreja primitiva percebeu o risco de desenraizamento e de superficialidade, se renunciasse à "memória de Israel", estabelecendo, por isso, o cânone da Sagrada Escritura, que passou a incorporar, a partir de então, a Bíblia hebraica e que construiu a sua nova teologia em torno de uma interpretação radicalmente nova da tradição judaica e da mútua compatibilidade dos dois *Testamentos*. No entanto, Moingt não argumenta que o "Deus dos pais" seja um falso deus; com efeito, ele põe categoricamente à parte essa interpretação e não identifica de modo algum esse "Deus dos pais" com o Deus da Bíblia hebraica – não apela, certamente, a uma "venda a preço vil" da tradição cristã. A sua preocupação é *contar com o conceito de Deus como "propriedade"*, que herdamos como uma espécie de bem móvel que pode ser manipulado e que temos o direito de reivindicar. A descoberta de um Deus vivo (que também é, obviamente, "o Deus dos nossos pais") reside na descoberta de que ele também é o Deus *dos outros*. Isso não significa desistir da nossa própria tradição, mas simplesmente não nos fixarmos nela, expondo-nos antes à aventura de descobri-la em um contexto mais vasto – e, entabulando diálogo com os outros, aprendendo a vê-la também com "os olhos dos outros".

Nesse sentido, apercebo-me que o paulinismo radical de Joseph Moingt é a mesma mensagem que ocupa o centro das nossas reflexões sobre Zaqueu – mas em outras palavras e visto de uma perspectiva ligeiramente diferente. Não deixemos Deus apenas para os "autoconvencidos da religião"! Deus é sempre maior, *semper maior*, como nos ensina o misticismo inaciano. Ninguém detém o monopólio sobre ele. O "nosso" Deus também é o Deus dos *outros*, incluindo daqueles que o procuram e daqueles que não o conhecem. Sim, Deus é, acima de tudo, o Deus dos buscadores, das pessoas a caminho.

Se professarmos o Deus de Abraão – e não algum conceito filosófico abstrato de um vago "ser supremo" que poderia agradar a qualquer um –, provamos a nossa fidelidade, não nos agarrando a uma tradição específica do passado, mas, tal como Abraão, entrando em um novo território. O "nosso" Deus é um Deus peregrino, o Deus do êxodo eterno, que nos conduz para fora das nossas casas e das nossas pátrias, mesmo que nós preferíssemos instalar-nos nelas e fortificá-las... E também encerrá-lo dentro das nossas fronteiras, nos confins das nossas noções, conceitos, tradições e credos.

Deus continua a ser um mistério radical, sendo precisamente por isso que tentar "manipular" Deus é tão ridículo como blasfemo. No entanto, Deus não só está escondido, mas também *vigilante* – ele revela-se e vê aqueles que o procuram, como diz a Escritura acerca da sabedoria divina.

Deus mantém-se vigilante para aqueles que se mantêm vigilantes por ele – e talvez pudéssemos acrescentar: *a nossa vigilância*, a nossa experiência espiritual e a experiência espiritual dos outros são, de certo modo, a vigilância *dele*, a forma como ele está entre nós. *Ele está na nossa abertura.* Mais do que nossa "contrapartida", ele é o nosso *fundamento*, a fonte não só da nossa existência, mas também daquilo que a nossa existência realiza. Por isso, também é o fundamento e a fonte da nossa busca, da nossa vigilância, da nossa abertura, da nossa autotranscendência. Nesse sentido, somos "semelhantes" a Deus, que constantemente transcende a si mesmo, derramando-se em amor. Ele "derrama-se" não só *na* nossa busca; ele não se encontra nela simplesmente como uma *coisa* que poderíamos procurar – certamente nunca o encontraríamos entre as "coisas" e as existências objetivas. Deus está presente na *nossa própria busca* – e também está presente no mundo através da nossa busca. Quando elevamos as nossas orações ao "céu", aquilo que estamos dizendo é que o mistério de Deus não está confinado dentro das nossas fronteiras. Apesar disso, não há necessidade de o procurarmos "no céu". Ele já está genuinamente presente na terra, nessas mesmas orações, como o próprio Paulo nos ensina: quando rezamos, o espírito de Deus intercede por nós com gemidos inefáveis.[4] Deus está na nossa oração, nos nossos anseios, na nossa busca e nas nossas próprias interrogações.

Deus está neste mundo e na nossa linguagem (e a nossa linguagem é a estrutura mais importante e mais intrínseca do mundo humano, é um prisma através do qual vemos o mundo), pelo fato de permitirmos que ele

---

[4] Cf. Rm 8,26.

exista como nosso Deus. A ideia de Moingt, já mencionada, não implica reduzir Deus a "algo meramente humano"; é simplesmente a teologia consistente da encarnação levada às suas últimas consequências. E penso o mesmo da sua expressão acerca de "Deus, tal como ele é em si mesmo", ao qual damos a liberdade de não se limitar a ser o nosso próprio Deus, não nos acorrentando ao conceito de Deus com as nossas próprias reivindicações monopolísticas, mas "permitindo-lhe" ser também o Deus dos outros. É no "espelho da Páscoa", na revelação do mistério mais profundo de Deus através de Cristo (da qual ainda não falamos deliberadamente e que abordaremos em outro ponto deste livro), que vemos a transcendência de Deus, a abertura de Deus aos outros – em Jesus, na sua *relação com os "outros"*, no seu amor radical sem fronteiras, que eventualmente o leva à cruz e se revela plenamente nesse preciso momento. Além disso, o amor de Jesus e a abertura aos outros, *que é a revelação mais radical de Deus*, consistem em encontrar uma continuação em nós, nas nossas atitudes para com o próximo, para com as pessoas que são diferentes de nós. Jesus desafiou-nos: "quem crê em mim 'fará as obras que faço', e 'fará até maiores do que elas'" (Jo 14,12).

E, por isso, podemos desenvolver o pensamento de Moingt e dizer que a nossa abertura aos outros é a nossa abertura a Deus, porque, através de Cristo, Deus mostra solidariedade para com os *outros* – e a nossa abertura a Deus e ao nosso próximo *é* a abertura de Deus perante nós e o mundo, porque, através de Cristo (do mistério da encarnação), Deus mostra solidariedade para conosco e procura estar presente no mundo mediante o nosso testemunho de amor. Como Mestre Eckhart afirmava, o olhar com que nós vemos Deus é *precisamente o mesmo olhar* com que Deus nos vê.

Gostaria de retomar uma frase do pequeno texto de Moingt. Quando ele comenta que Paulo dotou a Igreja de uma mudança de paradigma na sua relação com os outros e com os estranhos, dando-lhe a coragem de abandonar o seu próprio passado, está dizendo que não devíamos esperar que os outros se sentassem à nossa mesa, mas que devíamos ser nós a ter *coragem de nos sentarmos à mesa deles*. Emprega assim – provavelmente de forma não intencional – a mesma expressão de Teresa de Lisieux, quando, à beira da morte, sentia *solidariedade para com os não crentes*: Cristo sentou-a à mesa destes e deu-lhe do pão deles, para que com eles o partilhasse.

Não é completamente claro, pelo breve texto de Moingt que tenho em mãos, que "outros" ele teria em mente; poderia parecer que o seu olhar se fixava sobretudo nas culturas não europeias e nas "nações pobres", a quem não podemos levar "o Deus dos nossos pais" ou as nossas noções religiosas tradicionais, fortemente marcadas por todas as limitações da nossa particular tradição ocidental. Apesar disso, é certamente possível alargar o seu apelo – fosse qual fosse o sentido que ele lhe atribuísse – a outros "outros", tanto a devotos de outras religiões como a "não crentes", a pessoas com dúvidas, a buscadores e "àqueles que creem de outra forma".

O Concílio Vaticano II, no início da década de 1960, constituiu uma tentativa grandiosa da Igreja Católica de se aproximar mais do mundo moderno, evidenciando Cristo e a sua mensagem para as pessoas da atualidade. Assumindo a missão de servir de ponte entre o abismo que separava a Igreja "do resto" do mundo, o Concílio inaugurou um diálogo com a cultura secular e o humanismo secular moderno, com as outras Igrejas cristãs e com os crentes de religiões não cristãs e, finalmente, com agnósticos e ateus. O que esse Concílio teve de novo e de específico foi, acima de tudo, o fato de que, ao contrário de quase todos os Concílios anteriores, não ter exortado a Igreja a curar o mundo – mediante a consolidação da fé, do fervor da devoção, da piedade e da reforma moral –, mas ter apresentado um diagnóstico diferente e, com base neste, também uma nova terapia. A Igreja devia *demonstrar*, acima de tudo, *solidariedade para com as pessoas dos dias de hoje*, para com o mundo moderno e para com os seus problemas. "As alegrias e as esperanças, as tristezas e as angústias dos homens de hoje, sobretudo dos pobres e de todos aqueles que sofrem, são também as alegrias e as esperanças, as tristezas e as angústias dos discípulos de

Cristo", afirma a impressionante e solene frase de abertura do documento mais importante do Concílio.[5]

Ao fim de meio século, devemos interrogar-nos até que ponto a Igreja correspondeu a essa promessa de amor, respeito e fidelidade matrimonial para com as pessoas de hoje, até que ponto *a esposa de Cristo* reconheceu Cristo na humanidade contemporânea, sobretudo naqueles seus membros que sofrem ou que são pobres, mas também naqueles que procuram e que têm sede de sentido, para não falar daqueles que comem o *amargo pão* da separação de Deus.

Os entusiastas pós-conciliares ostentavam cartazes em que eram lidas duas palavras: "diálogo" e *"aggiornamento"*. *Aggiornamento*, "atualização", esse termo preferido, e ainda hoje citado, de João XXIII, não significa nem nunca pretendeu significar uma modernização superficial, no sentido de "conformação com o espírito deste mundo", contra o qual a Escritura justamente nos adverte. *Aggiornamento*, em italiano, significa apenas "atualização", como quando decidimos rever, ao fim de dez anos, a lista de pessoas convidadas para a nossa festa de aniversário e descobrimos que alguns dos nomes têm de ser apagados: esta pessoa morreu, aquela mudou-se, deixei de me dar com aquela; mas aquele casal tão interessante que conheci o ano passado, nas férias, ainda não consta da lista. O *aggiornamento* conciliar pretendia ser uma revisão de questões que a Igreja devia sublinhar e uma atualização dos meios disponíveis para fazê-lo.

Numa das suas parábolas, Jesus apela a que se faça precisamente esse tipo de revisão: fala do construtor que deve calcular ponderadamente se tem materiais suficientes antes de começar a construir uma torre, para não se tornar alvo de troça; e também do rei que se prepara para um combate, que deve começar por contar os seus homens, e, se estes forem insuficientes, tentar chegar antes a um acordo de paz. *Aggionarmento* não pretendia, certamente, significar uma precipitada "aliança com o mundo moderno",

---

[5] *Gaudium et spes*: A Constituição Pastoral sobre a Igreja no Mundo Contemporâneo, 7 de dezembro de 1965.

que a Igreja poderia celebrar às pressas, quando descobrisse de forma bastante realista que a batalha que travava desde há tempos contra a modernidade já não tinha perspectivas de desembocar numa triunfante vitória. Infelizmente, alguns apoiantes entusiastas das reformas pós-conciliares interpretaram *aggiornamento* dessa forma superficial e, ao fazê-lo, suscitaram ainda maior desconfiança perante essas reformas, e resistência a elas, no campo tradicionalista. Aliás, a parábola de Jesus acerca do construtor e do rei – ou seja, de homens que deveriam comportar-se de forma *racional* – termina de forma surpreendente com um apelo a uma racionalidade de tipo oposto: a sabedoria paradoxal do Reino de Deus, segundo a qual *perder é ganhar*: "Quem não renuncia a tudo o que possui, não pode ser meu discípulo".[6] Se refletissem sobre as implicações dessa parábola, muitas pessoas da Igreja talvez descobrissem que não precisariam ficar alarmadas com as "perdas" que a Igreja sofreu na sequência do Concílio, ao contrário das expectativas da maioria. Como Jesus ensina, algumas perdas são ganhos. Muitas crises, segundo C. G. Jung, são oportunidades.

Não posso deixar de pensar que o mundo e a Igreja teriam um aspecto muito diferente, se houvesse mais pessoas dispostas a ver o apelo do Concílio à solidariedade para com este mundo (incluindo o mundo dos "não crentes", daqueles que são mais radicalmente "outros" e diferentes), não como uma pista para modernizar superficialmente a retórica e os recursos exteriores da "evangelização", mas como uma consciência profunda *do ocultamento de Deus, de como ele se "revela" a si próprio mediante a experiência dos "não crentes"*, como nos ensinou Teresa de Lisieux, no seu leito de morte. Teresa podia apenas indicar o caminho – o que, aliás, é aquilo que qualquer bom professor faz – e deixar-nos a tarefa de refletir e levar a bom termo a nossa caminhada espiritual.

Não poderia algo desse estilo imbuir de maior profundidade o desenvolvimento pós-conciliar do Cristianismo católico – e o Cristianismo em geral, como é óbvio, porque hoje em dia é uma loucura pensar nele apenas

---

[6] Cf. Lc 14,33.

em termos de tradições individuais e não ver de que modo algumas faíscas atravessam as fronteiras das denominações, de que modo as Igrejas se influenciam mutuamente para o bem ou para o mal – e, assim, levar ao seu cumprimento, de uma forma mais prática e consistente, aquilo que foi prometido no referido prefácio da Constituição *Gaudium et spes*?

Naturalmente, alguns passos já foram dados. Paulo VI, o grande Papa do Concílio – cujos textos (se não nos ativermos aos ocasionais floreados ultrabarrocos do "dialeto vaticano") contêm, por vezes, ideias notáveis, de grande ousadia –, declarou que o próprio Deus fala à Igreja do nosso tempo através da falta de fé de muitos dos nossos vizinhos. Encontramos temas semelhantes, desenvolvidos, sobretudo, pela *nouvelle théologie* francesa da primeira metade do século XX, em vários documentos conciliares. Enquanto, no período do Concílio Vaticano I, o ateísmo era visto como um erro intelectual – que devia ser vencido mediante a apologética, com provas metafísicas – ou como um pecado, por falta de boa vontade, o Concílio Vaticano II considerou a principal causa do ateísmo o fato de a Igreja não dar um testemunho suficientemente digno de crédito. Estabeleceu ainda uma distinção entre os vários tipos de ateísmo e analisou de forma diferenciada as suas causas e significado, e a forma como e em que sentido os mesmos constituíam um desafio para a fé. O ensinamento de Karl Rahner – que chegou a ser um dos mais influentes consultores teológicos do Concílio – sobre "os cristãos anônimos" (bem como os textos, inspirados em Rahner, sobre "catecúmenos anônimos", do teólogo tcheco sediado em Roma, Vladimír Boublík), que hoje pode parecer ultrapassado, representa, contudo, um passo positivo na direção não só de crentes de outras religiões, mas também de não crentes, semicrentes ou de pessoas com outras crenças no mundo secular.

Não é por acaso que os "padres operários" da França escolheram a "Teresinha" como a santa padroeira deles e Lisieux como local do seu seminário. Tinham abandonado as estruturas familiares de governo da Igreja e o estilo tradicional da presença do clero na sociedade, trocando-os pelas fábricas e por profissões civis, a fim de fazerem suas as esperanças e os anseios do mundo laboral. (Inspirado nessa experiência, Teilhard de Chardin escreveu, certo dia, que o mundo moderno da ciência e da investigação também precisava urgentemente dos seus "padres operários", palavras que viriam a exercer uma influência fundamental sobre a minha própria vida e vocação.)

Durante quarenta anos de governo comunista no nosso país – exatamente o número de anos que Israel precisou para fugir da escravidão do Egito para a terra da liberdade[7] –, centenas de padres trabalharam em empregos civis. Contavam-se entre eles aqueles a quem as autoridades comunistas tinham retirado "a licença estatal para desempenhar as funções sacerdotais" ou a quem essa licença (sem a qual qualquer manifestação da sua religião podia ser qualificada como um ato criminoso e, consequentemente, punida) não fora devolvida, depois da sua libertação da prisão, do campo de concentração ou de trabalhos forçados em "unidades laborais" do exército, bem como aqueles que nunca tinham tido a oportunidade de receber essa licença, devido à sua "falta de fiabilidade política", e que tinham sido preparados para a ordenação e ordenados secretamente pela "Igreja subterrânea", como no meu caso. Essa experiência de padres com empregos civis, que se equipara de forma notável às experiências pastorais dos "padres operários" da Europa ocidental e da América Latina, foi o resultado da coação política. Apesar disso, foi aceito por alguns de nós, não como uma simples imposição do exterior, mas também como uma vocação e uma oportunidade específicas, como um desafio.

---

[7] Alguns cristãos entenderam e aceitaram os anos da perseguição comunista como um "êxodo", como uma caminhada angustiante, mas também cheia de significado e purificante, a partir da etapa de segurança material da sociedade burguesa; foi uma dolorosa surpresa para muitos que, após a queda do comunismo, não houvesse nenhuma "terra prometida" à espera da Igreja e da sociedade, mas, em vez disso, outra dura caminhada, com dificuldades diferentes.

Enquanto o confronto com o nazismo deu origem à notável "teologia cristã e judaica pós-Auschwitz", o confronto com a pobreza do Terceiro Mundo conduziu à teologia da libertação latino-americana, o confronto com a sociedade secular ocidental conduziu à "teologia da secularização" e à "teologia da morte de Deus", a experiência do confronto com o comunismo e com a presença "anônima" de padres em um mundo do qual a religião fora sistematicamente banida *ainda tem de vir a ser o tema de adequada reflexão e desenvolvimento teológico*. Como é óbvio, a experiência do confronto com o comunismo influenciou fortemente o pontificado de João Paulo II, não só em termos do relevo que ele deu aos Direitos Humanos e à unificação da Europa, mas também, por exemplo, por sua preocupação com a purificação penitencial da memória histórica da Igreja e com a "cura das feridas do passado"; esta foi uma resposta não só à chamada ao arrependimento e à "mudança de coração" do Evangelho, mas também às críticas constantes daqueles que rejeitavam a Igreja e o Cristianismo em geral, precisamente devido a essas cargas históricas. No entanto, tenho mais alguma coisa em mente, algo que geralmente só acontece quando a Igreja cai verdadeiramente de joelhos (o que nunca aconteceu completamente na Polônia, por exemplo, devido às fortes ligações entre o Catolicismo e a identidade nacional polaca), em que cada pessoa é obrigada a interrogar-se radicalmente sobre se teria existido um momento em que a Igreja – ou, pelo menos, a Igreja na sua forma histórica anterior – *teria morrido*, e sobre aquilo que ela poderia ter deixado das suas experiências àqueles que poderão um dia vir a ser mais uma vez inspirados por elas.[8]

Sim, estou profundamente convencido de que, nas circunstâncias precisas em que a Igreja foi esmagada e espezinhada no pó como uma semente, essa semente deveria acabar por dar fruto. Aparentemente esse fruto não

---

[8] Esta interrogação, inspirada por um texto de Jan Ámos Komenský (Comenius), um bispo do século XVII da perseguida Unitas Fratrum, foi suscitada, durante o período do comunismo na Tchecoslováquia, por um dos meus professores, Oto Mádr. O breve texto do Padre Mádr, "Modus moriendi církve" (In: OTO MÁDRE JOLANA POLÁKOVÁ, *Slovo o této dobe˘*, Praga, Zvon, 1992), pode ser considerado uma das poucas tentativas de elaborar uma teologia da libertação específica aos países sob o regime comunista.

poderá vir a ser uma Igreja florescente, se por isso entendermos igrejas e seminários cheios, nem terá de ser necessariamente uma chama clara de um novo pensamento teológico. Aquilo que pode e deve emergir talvez seja uma nova ousadia na abordagem desses "outros". Isso poderia ajudar a alcançar aquilo de que tanto precisa, em meu entender, toda a nossa civilização euro-atlântica – simultaneamente "pós-cristã" e "pós-secular".

Perante as formas agressivas de Islamismo, que são uma tentativa de usar a religião para fins políticos, talvez surja não apenas uma "contrarreação" sob a forma de um agressivo secularismo radical ou através do reforço do fundamentalismo cristão, mas também uma *nova sinceridade*, uma nova maturidade – um novo tipo de diálogo "fé/não fé", este permitiria àquilo que é espiritualmente vigoroso no mundo da fé (talvez apenas sob a forma de um desejo de mudança profunda ou de um novo êxodo) encontrar-se sempre de novo com aquilo que é vigoroso (talvez apenas sob a forma de irrequietude e sede espirituais) no mundo situado para lá das fronteiras tradicionais da "religião".

O país em que nasci e onde vivo é considerado uma das "nações mais ateias da terra". Porém, será possível medir a fé segundo o número daqueles que se reconhecem como membros de alguma Igreja, que a frequentam ou que respondem afirmativamente quando se lhes pergunta, em questionários, se se consideram crentes, e considerar os outros automaticamente ateus? Como deveríamos classificar todos os "Zaqueus"?

Há tempos criei a expressão "piedade tímida" para descrever uma relação com a religião bastante difundida entre os tchecos. Em um dos seus livros, o autor católico tcheco Jaroslav Durych descreve a sua visita à Espanha, um pouco antes da Segunda Guerra Mundial, comparando os estilos de piedade na Espanha e em sua terra natal.

Ao ver os espanhóis rezando diante de crucifixos barrocos com os braços dramaticamente estendidos em forma de cruz, ele lembra-se de que as expressões de piedade tchecas eram muito mais comedidas, simples e discretas, senão até tímidas, como se os católicos tchecos continuassem a sentir o olhar dos céticos ou dos não crentes sobre eles.

Sim, e talvez até houvesse um cético nas profundezas de cada um deles; talvez esse cético "interior" os afastasse de muitas manifestações de piedade da Igreja. Mas será que isso os afasta necessariamente de Deus? A expressão "piedade tímida" denota não só o estilo de piedade de alguns cristãos, mas também a atitude reservada de grande parte da população nas terras tchecas (e, de modo particular, nas classes influentes e instruídas da sociedade), diante das formas eclesiásticas do Cristianismo. Contudo, não devemos confundir essa atitude reservada com o ateísmo. Para muitos, é algo que se poderia descrever, utilizando o termo de Karl Rahner, como "Cristianismo anônimo", ou poderia ser a reservada atitude religiosa associada neste livro à figura de Zaqueu. As razões desse desapego estão, como é óbvio, profundamente enraizadas na história religiosa do nosso país.

Depois dos tumultos e das crises provocados pela revolução hussita e pelas suas subsequentes divisões religiosas, o Catolicismo regressou em triunfo ao meu país, sobretudo durante a Guerra dos Trinta Anos, no rasto do exército vitorioso dos Habsburgo. A antiga confissão foi restabelecida mediante missionários entusiastas, a atividade educativa dos jesuítas e o fascínio da cultura barroca, mas também pela violência, pela opressão e pela proscrição implacável daqueles que se recusavam a subscrever a fé dos vencedores. No entanto, uma vitória que envolva a supressão violenta do inimigo e da sua cultura costuma ser uma vitória de Pirro.[9] Aquilo que é "reprimido e deslocado", aquilo que não é processado nem integrado, regressa com frequência sob formas diferentes. Sigmund Freud convenceu-nos desse princípio em relação à vida dos indivíduos, e o seu aluno não conformista, Carl Gustav Jung, sugeriu um mecanismo semelhante em relação ao conflito cultural.

---

[9] Vitória obtida a alto preço, muitas vezes com prejuízos irreparáveis. (N.T.)

Ao confrontar o paganismo da Antiguidade, a Igreja primitiva conseguiu absorver, processar criativamente e integrar muitos tesouros da antiga Grécia e Roma, e, subsequentemente, revelou-se capaz de aproveitar muitos elementos das culturas celtas e eslavas. No limiar da Idade Moderna, os missionários jesuítas revelaram uma grande sensibilidade diante dos valores das culturas chinesa e japonesa. Por toda a parte, nesta época, a "Reforma Católica" barroca, com os seus grandes santos, místicos, organizadores, pensadores e artistas, evoluiu em paralelo com as correntes espirituais do Renascimento e da Reforma Protestante (e, muitas vezes, em uma tensão criativa e dinâmica com elas), a vida religiosa adquiriu uma nova energia e vitalidade. Por outro lado, naqueles lugares onde, depois do Concílio de Trento, o Catolicismo tendeu a assumir a forma de "Contrarreforma" – uma contracultura em relação às referidas correntes espirituais –, algo se introduziu nos alicerces do Catolicismo triunfante que, em períodos posteriores, viria a emergir como um perigoso explosivo ou como um flagelo nocivo. Enquanto na França a Grande Revolução abolia a velha ordem, nos países governados pelos Habsburgos o verme do formalismo, da exterioridade e da hipocrisia ia minando silenciosa e sub-repticiamente o edifício da antiga fé. Muitas vezes, não havia espaço dentro da Igreja para o sentimento revivalista nacional – e, como resultado disso, muitos que levavam a sua fé muito a sério descobriram-se, a seu tempo, "na outra margem".[10] Outros não manifestaram publicamente a sua insatisfação com uma religiosidade superficial, sem se preocuparem particularmente com isso; contudo, nalguns desses casos, chegaram a encruzilhadas fatídicas, e a sua própria vida espiritual (no sentido mais lato da palavra), lenta e gradualmente, mas de forma cada vez mais óbvia, foi-se separarando daquilo que a piedade da Igreja lhes oferecia e defendia. As pessoas foram-se acostumando cada vez mais a procurar respostas para as suas interrogações básicas de vida em outros lugares, longe do púlpito. Pela

---

[10] Em terras tchecas, um exemplo pungente desse tipo foi o grande escritor e jornalista Karel Havlíček Borovský, fundador do moderno pensamento político tcheco (cuja estátua se ergue atualmente em Chicago, junto ao Lago Michigan).

forma como era apresentado e interpretado por muitos daqueles que pretensamente falavam em seu nome, Jesus deixou de falar aos "buscadores" dessa época.

Ao refletir sobre a cultura tcheca dos últimos dois séculos, descubro que o que há de mais vivo e interessante existe para lá do âmbito tradicional, oficial e institucional da Igreja. É possível encontrar indivíduos com uma considerável sensibilidade espiritual – sobretudo entre os poetas –, mas até isso costuma ter apenas uma tênue ligação com uma tradição religiosa clássica. Muitas figuras culturais têm manifestado uma desconfiança frenética ante todas as formas "oficiais" e institucionais de religião, embora isso seja mais anticlericalismo do que ateísmo e, muitas vezes, denote uma estranha relação de amor-ódio (ocasionalmente, um ódio que brota de um amor frustrado), para a qual o alemão tem a apropriada expressão *Hass-lieb*. Quando perscruto mentalmente uma galeria de retratos das figuras-chave da cultura tcheca dos séculos XIX e XX (incluindo os dois "presidentes filósofos", Tomáš Masaryk e Václav Havel), devo confessar que nenhum deles era "ateu"; cada um deles estava, de certo modo, extremamente aberto à "dimensão transcendental da vida" – e, de modo especial, às suas consequências éticas. Apesar disso, nenhum deles estava disposto a falar de transcendência, na linguagem tradicional da Igreja.

Não foi só devido à perseguição religiosa comunista e às várias décadas de ideologia estatal imposta à força – "ateísmo científico" – que a palavra "Deus" desapareceu da lista de palavras mais frequentemente utilizadas na língua tcheca. Quando ouço Václav Havel falar, não sobre Deus, mas sobre "o horizonte dos horizontes" e sobre "alguma coisa ou alguém acima de nós", não se trata apenas de uma vaga religiosidade do tipo ironicamente descrito como "algoísmo" (ou seja, a religião mais difundida nos nossos dias, cujo credo é: "posso não acreditar em Deus, mas tem de haver *alguma coisa* acima de nós"), nem é "diletantismo religioso", como o teólogo protestante tcheco Josef L. Hromádka alcunhou o fenômeno.

Tenho a sensação de que, na sua "tímida piedade", que evita muitas formas características da Igreja, incluindo a linguagem religiosa tradicional, *Zaqueu voltou à vida* e continua a evitar as multidões. Em várias ocasiões, pronunciei palavras muito duras e críticas acerca da indiferença religiosa e do "analfabetismo religioso" da sociedade da qual faço parte. Contudo, continuo a acreditar que esses fenômenos são apenas superficiais, que lá muito no fundo a situação pode ser e é, certamente, diferente.

Lembro-me de que, durante um voo de Roma para Madri, entabulei uma conversa com o meu vizinho, um americano, veterano da Segunda Guerra Mundial, que passara muitos anos como jornalista em Roma. Acabara de se reformar e andava procurando um local para passar o resto da sua vida. Falou-me de um padre italiano, diplomata do Vaticano na América, comentando: "Aquele homem conseguiu abrir caminho até lugares aos quais quase ninguém, que não tenha nascido na América ou passado aí a maior parte da sua vida, poderia ter acesso. É que, quando a maior parte das pessoas olham para os americanos, só conseguem ver o barulho que fazemos, a nossa jovialidade tipo palmadinhas nas costas, os nossos largos sorrisos estereotipados e a nossa tagarelice oca nas festas. Contudo, isso é apenas a nossa máscara, a superfície, uma muralha que não deixamos ninguém atravessar. Esse padre não se deixou enganar; chegou abaixo da superfície e acabou por entender a *décima terceira câmara da alma americana*".

Há muitos anos, ainda no tempo da União Soviética, vi um filme do realizador Andrei Tarkovsky, na companhia de um grande conhecedor de literatura russa. Esse colega inclinou-se para mim e sussurrou: "Como vê... onde quer que se escave um pouco abaixo da superfície da nação russa, depara-se com religião", Talvez todas as nações tenham a sua "décima terceira câmara" da alma, até mesmo o nosso país "ateu". Como poderão os cristãos, as Igrejas e os teólogos abordar esses Zaqueus, como poderão chegar à "décima terceira câmara" da alma da nossa nação e à alma da nossa cultura? Foi essa a pergunta que me fizeram pelo telefone, durante uma conversa radiofônica em que eu abordara esses temas de passagem.

O ponteiro do relógio do estúdio indicava continuamente o fim iminente do programa, por isso, não havia tempo para explicações demoradas. "De pés descalços", repliquei. E, em uma única frase, fiz referências à lenda de Santo Adalberto, que, antes de subir à cátedra de bispo de Praga, em meados do século IX, teria ficado descalço diante da catedral, em sinal de humildade, e, depois, se aproximado do altar de pés descalços.

Em meu entender, o gesto de Adalberto pode servir de exemplo importante para a nossa época, e certamente para a Igreja das terras tchecas. E isso não diz respeito, em primeiro lugar, à questão tantas vezes debatida das propriedades da Igreja e das manifestações puramente exteriores de repugnante triunfalismo; eu não subestimo essas coisas, mas é certo que elas sejam secundárias. A pobreza e a humildade que deveríamos manifestar no nosso tempo têm a ver com assuntos muito mais profundos e fundamentais.

Atrevermo-nos a estender os braços aos outros, no encalço do apóstolo Paulo, entrar na "décima terceira câmara" do coração das pessoas e do coração das culturas, entrar na nuvem do mistério de Deus: tudo isto se resume, de fato, em um só caminho, e esse caminho só pode ser percorrido *de pés descalços*. Tal como Moisés diante da sarça ardente, somos chamados a descalçar as nossas sandálias, porque *o lugar que pisamos* – mesmo que nunca o tenhamos suspeitado – *é terra sagrada*.[11]

---

[11] Cf. Ex 3,5.

CAPÍTULO 5

A disputa sobre a beleza de Dulcineia de Toboso

É possível que a minha compreensão para com as pessoas que "não vão à igreja" derive em parte do fato de que, desde que me tornei padre – ou antes, desde que emergi do "subsolo", da "ilegalidade", e que me foi confiada a tarefa de fundar e de conduzir uma paróquia muito específica de Praga –, deixei de ir muito à igreja (a não ser à minha, claro). Quase não ouço sermões além dos meus, dos quais, por isso, me sinto tão saturado, que tenho dificuldade em ouvir qualquer outro tipo de sermão. Mas essa é uma das cruzes que um padre tem de carregar: *"Priesterleben, Opferleben"* – a vida de um padre é uma vida de sacrifício –, como um meu colega alemão costuma dizer (geralmente, depois de um pesado almoço de domingo).

Contudo, ouvi há pouco tempo um sermão de um dos meus colegas, cujo tema era "Maria, imagem da Igreja". A ideia de que a mãe de Jesus é um ícone da Igreja, tão querida de João Paulo II, não me é estranha, em particular se desenvolvermos essa metáfora no espírito da Igreja oriental e da sua teologia baseada em ícones. No entanto, esse sermão pareceu-me tão docemente sentimental, superficial e sem brilho, que, no fim, me senti impelido a sugerir outra metáfora ao pregador: a Igreja como Dulcineia de Toboso.

Se a virmos do ponto de vista teológico, e não apenas sociológico – no sentido místico e não apenas burocrático –, a Igreja é um mistério para nós: em primeiro lugar, não conhecemos as suas fronteiras, nem sequer sabemos onde é que ela começa e onde acaba, quem lhe pertence e quem não lhe pertence. Escreveu Santo Agostinho que muitos que pensam estar dentro estão fora, mas também vice-versa. O último Concílio sublinhou que a Igreja é um sacramento, isto é, um símbolo e também um instrumento da unidade de todos os povos e nações em Cristo, uma unidade da humanidade que não pode ser completamente realizada dentro da história, mas que constitui uma "aspiração escatológica". Cada ser humano – graças ao mistério da Encarnação – já está "de certo modo" ligado à Igreja. Em virtude da sua humanidade, as pessoas estão ligadas à humanidade de Cristo e, por isso, participam em certa medida de seu "corpo místico" na terra. Em termos gerais, aquilo que as pessoas têm hoje em mente, quando falam da Igreja e dos seus problemas, é apenas a parte exterior – eu quase diria uma sombra – da misteriosa habitação de Cristo ressuscitado na história da sociedade humana e do seu impacto transformador sobre ela. Apesar disso, até uma sombra é uma manifestação da presença real ("física") da Igreja na história.

O fato de podermos ouvir e ler tantas coisas diferentes sobre a Igreja do passado e do presente, e de as nossas experiências pessoais, individuais da mesma poderem ser diametralmente opostas – em particular quando a encontramos em várias partes do mundo e em diversos contextos culturais –, não nos deve surpreender, confundir ou irritar. A Igreja foi, é e continuará a ser multifacetada, e a experiência do seu caráter multifacetado deve proteger-nos da tentação de formar dela um conceito preconcebido (e, por isso mesmo, limitado, ultrassimplificado e superficial).

Em outras palavras, não sabemos ao certo como é a Igreja na realidade e com o que se parece de fato – tal como acontecia a Dulcineia de Toboso. Será ela a criada pouco asseada e grosseira que vê Sancho Pança, ou a nobre dama que Dom Quixote adora, nela?

Vários especialistas da obra de Cervantes chamaram a atenção, há muito tempo, para a brilhante dialética do famoso romance. Durante muito tempo, tivemos naturalmente a impressão de que Sancho Pança, o realista genial, tem razão, ao passo que Dom Quixote é um sonhador e um excêntrico digno de compaixão. Contudo, uma leitura mais atenta do texto mostra que isso poderá não ser verdade. Há coisas que Sancho pura e simplesmente não consegue ver. Em suma, Dom Quixote e Sancho Pança são dois aspectos do ser humano, duas perspectivas diferentes do mundo. Quixote sem Sancho não passa de um desorientado; ao passo que Sancho sem Quixote é apenas um tonto ignorante. Nem Dom Quixote nem Sancho veem a verdadeira Dulcineia na sua totalidade; por outro lado, ambos têm razão: não há dúvida de que Sancho tem razão no que diz respeito ao aspecto exterior da mulher, enquanto Quixote consegue perceber o que está oculto dentro de Dulcineia, o seu ser latente; não aquilo que ela é visivelmente, mas aquilo que poderia ser... E que talvez, eventualmente, acabe por ser.

Certo dia, o meu pai contou-me uma história acerca de um dos seus colegas judeus, a quem alguém – que provavelmente já estaria bem "alto" – perguntara numa festa: "Senhor Silberstein, como é possível que um homem tão encantador como o senhor tenha casado com uma mulher tão feia?". O idoso cavalheiro não deixou que essa impertinência afetasse a sua compostura: "Meu rapaz, se você tivesse os meus olhos, também para si ela seria a mulher mais bonita do mundo!". Sim, admito que existam lugares e períodos da história da nossa Igreja em que temos de estar loucamente apaixonados por ela, parecendo cavaleiros excêntricos aos olhos de alguns, quando tentamos falar sobre a sua beleza.

Quando lemos as coisas que os diversos Sanchos de hoje escrevem acerca da Igreja, na imprensa sensacionalista, não há dúvida de que o fazem com certa verdade, mas não com a verdade total e integral. Quando contemplamos a Igreja à maneira dos místicos, como uma noiva apocalíptica que desce das alturas sem mancha nem ruga, como a adorável esposa do Cântico de Salomão e como a Virgem Imaculada, também não podemos duvidar da legitimidade desse ponto de vista. No entanto, não fechemos os nossos ouvidos, quando Sancho Pança bate de novo à porta fechada da nossa câmara de meditação, a fim de nos chamar a colocar de novo os pés bem assentados na terra, com os seus comentários críticos. A verdade integral acerca da Igreja não reside no solo nem nas alturas místicas, nem "algures, num ponto intermédio". Não existem duas ou até três Dulcineias, existe apenas uma única Dulcineia, vista de várias perspectivas.

A perceção da Igreja evolui ao longo do tempo; a Igreja revela-se através das suas várias facetas, tanto aos olhos dos *paparazzi* da imprensa sensacionalista como dos teólogos e místicos (embora não no mesmo grau, como é óbvio), mas só veremos o seu verdadeiro rosto naquele momento, descrito nas palavras finais da Bíblia, da chegada da Jerusalém celeste. Não conseguiríamos formar uma imagem de Dulcineia (ou da Igreja) comparando as descrições ou os retratos produzidos por Dom Quixote e Sancho Pança e, depois, utilizando um computador para criar uma síntese perfeita. A verdade acerca de Dulcineia não é a média de duas perspectivas opostas... Não é assim tão fácil. Talvez o único sentido de colocar essas duas descrições diferentes lado a lado seja a de colocar em questão o monopólio de cada indivíduo e, a partir daí, um ponto de vista parcial. Tanto a Igreja como Dulcineia – como aliás cada mulher, eu me atreveria a dizer – são um mistério.

O historiador da literatura Václav Černý escreveu acerca das *Aventuras do Valente Soldado Švejk* – uma das figuras arquetípicas da literatura tcheca –, que ele era o Sancho Pança sem Dom Quixote. Esse romance de Jaroslav Hašek, que terá contribuído mais do que qualquer outro livro para difundir a fama da literatura tcheca para além das fronteiras nacionais, contém provavelmente uma das mais sarcásticas descrições de um serviço religioso, na literatura mundial (incluindo um sermão feito por um capelão militar completamente embriagado). É uma missa (e uma Igreja) vista através dos olhos de Sancho Pança. Há algo decididamente autêntico nessa visão, e não apenas pelo fato de, durante a Primeira Guerra Mundial, o exército austríaco ter tido mais do que um capelão militar embriagado. Olhando para trás, toda a Europa desse período nos parece paralisada pela embriaguez.

Durante o mesmo período, no lado oposto da mesma frente de batalha, o "capelão militar" Teilhard de Chardin ia escrevendo textos que descreviam o cataclismo sangrento da guerra como uma componente mística de uma "missa cósmica", como o mistério do processo de transformação do mundo, do qual nasceria uma nova comunhão da humanidade. Quem tinha razão? Qual dos dois é confirmado pela realidade de hoje? Deverá a resposta ser encontrada analisando o número de capelães embriagados nas guerras de hoje, por um lado, e até que ponto terá surgido uma "nova consciência" no seio da geração atual, por outro?

A disputa entre os Dom Quixotes e os Sanchos de hoje ainda está por decidir e, provavelmente, continuará até o fim do mundo. Ou será que "os dois" conseguirão percorrer o mundo lado a lado, corrigindo-se mutuamente, como os dois heróis do romance de Cervantes? Porventura não poderíamos, através das suas disputas, da sua diversidade e, ao mesmo tempo, compatibilidade, aprender a não cair mais na tentação do unilateralismo? Passaremos a ter mais paciência e a tomar mais consciência dos mistérios que são simultaneamente revelados e ocultos nos paradoxos que encerra o coração do nosso mundo?

O meu empenho constante em procurar a verdade em antíteses, em resistir a interpretações que reivindicam o monopólio da verdade, não tendo consciência da sua inevitável estreiteza, não é relativismo, tão popular hoje em dia; não termina com um suspiro de resignação, afirmando que "todas as verdades são válidas" ou que a verdade é apenas uma questão de convenção. Tento mostrar aos meus alunos a história do pensamento como um movimento que, no entanto, não é um "progresso" unidirecional e irreversível, mas antes lembra "o movimento contínuo de uma bola entre dois jogadores que estão localizados em extremidades opostas do campo desportivo". Animo-os a não caírem vítimas de preconceitos em favor de um ou outro dos jogadores, e também a não fixar os olhos no movimento da bola, porque o momento decisivo da intuição é sempre esse ponto no tempo em que nos apercebemos que o céu azul de mistério infinito serve de abóbada a todos os nossos campos de jogos e competições.

O fato de encontrarmos a verdade sempre "em movimento" – e, muitas vezes, no plural – nos nossos campos de batalha humanos não nos deve fazer cair no relativismo fácil e numa atitude de resignação ou de ceticismo da Verdade. A biosfera da Verdade é mistério, profundezas inacessíveis e alturas inalcançáveis. A sua pátria é o *eschaton*, o futuro infinito para lá do horizonte da história – e o seu principal papel no presente é estar constantemente num estado de oposição às nossas tentativas de fazer absolutos de algumas das nossas atitudes, abordagens e opiniões humanas, que são limitadas pela nossa própria experiência individual (não universal). Nem sequer a nossa fé pode fazer descer a Verdade "do céu à terra" na sua plenitude escatológica, nem construir uma torre capaz de chegar ao céu. Pelo contrário, ensina-nos a esperança e a perseverança para ultrapassarmos a tentação da resignação, do ceticismo e do triunfalismo – ensina-nos a escutar com um coração aberto e humilde, quando a própria Verdade nos visita e fala conosco –, mesmo que continuasse a falar apenas "em um espelho e por enigmas", e em ambíguos "sinais dos tempos".

Mas voltemos agora ao tema da Igreja e à misteriosa Dulcineia. Muitos Zaqueus atuais não se sentem tão distantes de Deus ou de Cristo como da Igreja. Quando, há alguns anos, comecei um curso na Universidade de Nova York, intitulado "Religião, Política e Cultura na Europa Central" e tentei descobrir que *Vorverständnis* – ou compreensão preliminar da religião – tinham os meus alunos, eles perguntaram-me: "Refere-se à religião organizada?".

Muitas pessoas do mundo ocidental atual – incluindo aquelas que não se consideram minimamente "desafinadas" em termos religiosos – sentem grandes reservas acerca da "religião organizada". Bento XVI, quando ainda era o Professor Ratzinger, empenhava-se em convencer os seus leitores de que todos os cristãos professos deviam estar preparados para "aguentar o desconforto de pertencer à família de Cristo". Alguns autores contemporâneos de literatura espiritual sublinham isso mesmo. Ronald Rolheiser adverte que a fé, divorciada da vida de uma específica comunidade eclesial histórica, pode deslizar rapidamente para o reino da fantasia e das projeções pessoais dos nossos próprios desejos. "Longe da comunidade histórica atual, sejam quais forem as suas falhas, temos um campo aberto para viver uma vida inquestionável, para fazer da religião uma fantasia particular que podemos partilhar seletivamente com alguns indivíduos de mente semelhante à nossa, que nunca nos farão frente nos pontos em que mais deveríamos ser postos em questão. As Igrejas estão comprometidas, sujas e cheias de pecados, mas, tal como as nossas famílias de sangue, também são reais. Na presença de pessoas que partilham regularmente a vida conosco, não podemos mentir, sobretudo, a nós mesmos, nem nos enganarmos pensando que somos nobres e generosos. Em comunidade, a verdade vem ao de cima e as fantasias são dissipadas".[1]

Segundo Rolheiser, afastarmo-nos da Igreja devido às faltas desta é, muitas vezes, uma mera desculpa e uma racionalização: na realidade, as pessoas querem preservar as suas ilusões acerca de si próprias, mas sentem que na Igreja – tal como na família – poderiam perdê-las. Rolheiser inclui na sua análise uma lista muito útil das falsas expectativas comuns de que as pessoas muitas vezes associam à Igreja, e que conduzem inevitavelmente a frustrações e desapontamentos: a Igreja não pode oferecer um sucedâneo da intimidade familiar, nem um clube muito unido de pessoas com ideias semelhantes, nem uma elite de santos etc.

Também considero uma desculpa fácil e de vistas curtas a tendência frequente da nossa cultura para fazer da Igreja o bode expiatório e a principal causa dos nossos problemas na vida religiosa, muito semelhante à tendência para responsabilizar os pais, a sociedade etc., por todas as faltas e problemas dos jovens. Aquilo que Charles Sykes escreveu, dizendo que

---

[1] RONALD ROLHEISER, *The Holy Longing: The Search for a Christian Spirituality*, Nova York, Doubleday, 1999, p. 137.

a América era uma "nação de vítimas"[2] – em que todos procuram a causa de problemas em toda a parte, menos em si próprios: nos outros e nas circunstâncias exteriores –, aplica-se na mesma medida, se não mais ainda, à Europa atual, refletindo-se, sem dúvida, em atitudes para com a Igreja.

A perda de ilusões acerca da Igreja, que mais cedo ou mais tarde acontece a muitos convertidos entusiastas, também pode ser um teste muito útil e possivelmente inevitável da maturidade da própria fé, tal como, durante a adolescência – o mais tardar –, uma pessoa tem de passar pela perda de ilusões acerca da perfeição dos seus próprios pais. Nas nossas relações com os nossos pais, o colapso dessas projeções infantis está muitas vezes associado a uma crise dolorosa e a uma fase de aversão. Apesar disso, mais cedo ou mais tarde, dever-se-ia chegar a uma nova relação, mais madura e amorosa, com os próprios pais.

Ao descobrir as imperfeições e as falhas dos nossos pais, não deveríamos tirar a conclusão destrutiva de que os princípios que nos transmitiram já não se aplicam nem são vinculativos – mesmo quando os próprios pais se revelam incapazes de respeitá-los em todas as situações. Sinto que tanto os "conservadores" que, no momento de crise, tentam salvar a sua vidinha, agarrando-se à "mãe Igreja", recusando-se, indignados, a ter em conta as suas faltas; como os "progressistas", cuja irada e hipercrítica abordagem tende por vezes a trair um "complexo de Édipo" na sua relação com as autoridades eclesiais, demonstram de duas formas simétricas a incapacidade de passar nesse teste de maturidade.

Já quase deixei de prestar atenção a essas polêmicas entre "conservadores" e "progressistas". Aprendi a viver com a minha Igreja ("o amor suporta tudo"). Ao ler, certo dia, a carta de São Paulo, durante uma celebração de bodas de ouro, imaginei tudo aquilo pelo que aquele casal devia ter passado durante o seu meio século de casamento e impressionou-me o fato de que a nossa vida na Igreja também requer, por força, uma forte dose de

---

[2] Cf. CHARLES J. SYKES, *A Nation of Victims: the Decay of the American Character*, Nova York, St. Martin's Press, 1993.

paciente fidelidade, generosidade, humor e tolerância. Deveria um padre, de uma certa idade, ficar confundido diante daquele casal de idosos?

Já sugeri várias vezes que não considero muito importante o tema das atuais desavenças internas na Igreja – as coisas sobre a Igreja que geralmente interessam aos meios de comunicação –, contudo, não fico minimamente irritado quando os Zaqueus adotam e mantêm uma atitude reservada perante esses aspectos da Igreja. Não me aflijo se eles têm uma atitude um pouco "menos empenhada" em relação à forma institucional da Igreja. Isso não significa, porém, que o meu ideal seja certo "Cristianismo não eclesiástico" – irreal, vago e desligado da história ou da sociedade –, e ainda menos uma religiosidade enevoada e esotérica, estilo *New Age*.

Preocupo-me de igual modo com os Zaqueus, com a Igreja e com a sociedade que a Igreja e os Zaqueus habitam. Sinto-me responsável por garantir que os "buscadores individuais" do *tipo Zaqueu* não sejam manipulados por ninguém, tentando conformá-los com uma noção atual de "crentes padrão", e para que não sejam arrastados para fora do âmbito da Igreja; para que lhes seja concedida, pura e simplesmente, liberdade, para determinar até que ponto querem estar próximos das formas visíveis do Cristianismo atual, sediado na Igreja.

Receio que muitos padres – pelo menos no nosso país – tenham aprendido certas técnicas para transformar as pessoas interessadas e os simpatizantes em membros ordeiros e bem alinhados da Igreja e sintam que falharam, se, em certos casos, nenhuma das suas técnicas "deu resultado". Contudo, isso significaria que muitos dos seus encontros com os Zaqueus de hoje e de amanhã lhes provocarão um profundo desapontamento – e gostaria de poupar-lhes isso (aliás, a ambas as partes). Temos de aprender a criar espaço para os Zaqueus, incluindo aqueles que nunca se tornarão "paroquianos padrão" ou, pelo menos, a respeitar o espaço que eles criam à sua volta.

Sim, em termos gerais – e, de modo particular, se as nossas Igrejas tiverem, no futuro, mais ou menos o mesmo aspecto que têm hoje (e, tanto quanto sei, Deus não nos prometeu milagre nenhum nesse sentido) –, os Zaqueus ocuparão um lugar na margem da Igreja visível. E esse lugar na margem é extremamente importante, não só para os Zaqueus, mas também para a Igreja! A verdade é que, sem essa "margem", a Igreja não seria uma Igreja, mas uma seita. Uma das diferenças fundamentais entre as Igrejas e as seitas é que uma seita – ao contrário de uma Igreja – está limitada a um "núcleo central" de membros perfeitamente identificáveis e, em certos casos, considera esse tipo de membro o ideal. As Igrejas costumam ser mais velhas, mais sensatas, mais experientes e mais tolerantes: sabem que precisam não só de um "núcleo central", de um esqueleto, mas também de um corpo bastante mais resistente (e tanto melhor se esse corpo não estiver subnutrido por dietas excessivas). As Igrejas tendem a integrar pessoas que percebem que a noção de núcleo e de margem dentro de um organismo como a Igreja é bastante relativa: uma analogia com as palavras de Cristo, segundo as quais "os últimos serão os primeiros", também teria aqui a sua relevância.

Certo dia, estando eu em visita à Basílica de São Pedro, em Roma, impressionou-me como essa catedral é uma imagem esplêndida da Igreja. O arquiteto desenhou-a de modo que a praça – cercada por uma colunata semelhante a dois braços abertos – fizesse parte integrante do lugar de culto, além do espaço interior da basílica. Mal as pessoas atravessam a colunata e, depois, a praça, ficam dentro da catedral – incluindo aquelas que não atravessam a porta nem se ajoelham no interior –, mesmo que a maioria delas não tenha consciência disso. É a essa praça, precisamente, que a Igreja Católica se deveria assemelhar. Se, em vez de uma colunata, construísse um muro impenetrável, ou se viesse a abandonar o espaço da praça – onde, como é natural, é impossível exigir o comportamento disciplinado ou o vestuário apropriado exigido dentro da basílica –, estaria pondo à parte a sua catolicidade, a sua universalidade, que deveria ser o ideal de todas as Igrejas cristãs que rezam o Credo apostólico.

Meu Deus, como rezo para que a Igreja leve ao seu cumprimento a visão de São Paulo de um corpo em que todas as partes se complementam mutuamente na sua diversidade e respeitam o objetivo específico umas das outras, em que o olho não diz à mão – ou a cabeça, ao pé –, "Não preciso de ti".[3] Como anseio por que possamos perceber finalmente, com todas as suas implicações, que "o Corpo de Cristo" precisa de olhos que olhem cada vez mais em frente, de pés firmemente assentes no solo da tradição, de mãos que intervenham ativamente nos assuntos do mundo, e de ouvidos atentos que escutem de forma silenciosa e contemplativa a pulsação do coração de Deus!

Dentre todas as metáforas que abundam no Antigo e no Novo Testamento, o Concílio Vaticano II escolheu, para a sua teologia, a imagem de uma comunidade de peregrinos, *communio viatorum*, do Povo de Deus, que caminha ao longo da história, sustentado pela força da fé. Também proclamou que não conhecia nem reconhecia quaisquer fronteiras definitivas do Povo de Deus, que pela sua própria humanidade todas as pessoas, em certo sentido, pertencem ao corpo misterioso da Igreja e ao corpo misterioso do crucificado. O que é que isso implica para a comunidade a caminho, para a espiritualidade e a ética de partilhar e suportar juntos "o dia e o calor" da peregrinação comum?

Li há tempo, concordando profundamente com elas, as palavras escritas pela autora Gertrud von Le Fort, pouco depois da sua conversão do Protestantismo ao Catolicismo (muito antes da "época do ecumenismo"): Gertrud não considerava a sua entrada na Igreja Católica uma rejeição da Igreja Protestante, mas antes a ligação de duas confissões que tinham sido separadas – ela ainda via a Reforma como um ato gerado, na sua época,

---

[3] Cf. 1Cor 12,12-21.

pelo Espírito Santo, e não considerava a Igreja Católica inimiga da Igreja Protestante, mas a sua própria casa.[4]

Sim, era precisamente assim que eu a via, num país para o qual a reconciliação curativa das duas tradições cristãs é dolorosamente importante. Se a Igreja Católica rejeitasse completamente o contributo da Reforma, não seria plenamente Católica; ficaria empobrecida. Pelo contrário, onde quer que o Protestantismo não considere a si próprio parte do "contexto católico", um elemento complementar do Catolicismo existente, e, em vez disso, veja a si mesmo como seu inimigo, perde as suas raízes e a sua profundidade. Nunca vi o ecumenismo como um caminho para uma unidade ou uniformidade, que requeresse a negação, a supressão e o desperdício de tantas diferenças carismáticas entre as duas tradições, mas antes como um encontro fraterno na alegria e no respeito, reconhecendo a variedade inspiradora e enriquecedora dos seus dons.

Mas sigamos em frente. É possível olhar de modo semelhante para a relação entre os cristãos crentes e aqueles que professam uma crença secular na humanidade e em "valores terrenos"? Há muito tempo que caminhamos lado a lado através da história... Talvez tenha chegado o momento de refletir sobre como poderíamos continuar juntos a nossa caminhada!

Essa tarefa assume um significado específico nos países pós-comunistas, em que os protagonistas dessas duas correntes outrora se mantiveram lado a lado na sua oposição aos regimes totalitários, mas, em certos lugares, a sua unidade e a sua aliança chegaram ao seu termo com a extinção do inimigo externo. Muitas vezes se tem revelado impossível restabelecer a "unidade negativa" como uma "unidade positiva". De igual modo, é difícil passar da "libertação de" para a "liberdade para", ou liberdade positiva. Uma sociedade que se libertou da garra do totalitarismo é naturalmente diferenciada, e nem toda a gente é capaz de aceitá-la ou de percebê-la como

---

[4] Carta enviada por Gertrud von Le Fort a H. von Schubert, em 1926, citada de M. von Schwarzkopf and Gertrud von Le Fort. In: B. MOSER (ed.), *Grosse Gestalten des Glaubens*, Munique, Sudwest Verlag, 1982, p. 490.

um desenvolvimento natural e normal. Muitos daqueles que passaram vários anos a confrontar-se com uma pressão hostil e que se definiam negativamente a si próprios em relação à opressão já não são capazes de "viver sem um inimigo". Procuram imediatamente novos inimigos para preencher o vazio... Muitas vezes, entre as fileiras dos seus antigos amigos e aliados.

Após a queda do comunismo, os cristãos encontraram muitas vezes um novo inimigo sob a forma do "liberalismo ocidental" (e agora aplicam alegremente esse rótulo aos proponentes do humanismo secular). Os humanistas seculares, pelo seu lado, começaram a ver nos cristãos inimigos da sociedade livre, que ansiava por algum tipo de "totalitarismo clerical". Aqueles que no passado eram tão unidos – alguns deles tinham sido companheiros de prisão nos cárceres e nos campos de concentração estalinistas – estavam, agora, novamente separados uns dos outros.

A sociedade democrática não consegue manter a si própria sem a colaboração entre cristãos e humanistas seculares; as duas tradições compreendem um potencial moral muito importante, e será uma grande infelicidade se desperdiçarem os seus esforços em disputas mútuas. Além disso, este problema não está confinado aos países pós-comunistas. Durante as minhas visitas aos Estados Unidos, fiquei com a impressão de que a relação entre cristãos e "secularistas" (bem como entre os cristãos da esquerda e da direita), sobretudo como resultado da defesa dos "Direitos religiosos" de apoio às políticas de Bush e da guerra no Iraque, agravaram-se – embora seja difícil dizer até que ponto a expressão "guerra cultural" é apropriada ou exagerada. Vejo nisso um sinal muito perigoso para o futuro – e não menos porque a única forma de o Ocidente poder convencer as seções mais razoáveis do mundo islâmico de que ele próprio não é o "reino de Satanás" é demonstrando, na prática, que a religião e a sociedade secular não só são capazes de viver juntas e em paz, mas também podem enriquecer grandemente uma à outra.

Quando, em data recente, tendo sido convidado para uma conferência pan-europeia sobre as condições prévias para a cooperação entre humanismo cristão e humanismo secular, propus, como já fizera no parlamento tcheco, uma alocução sobre uma história do Evangelho.[5]

A condição prévia para a existência mútua dos dois grupos é a compreensão e o reconhecimento de que eles precisam um do outro, tal como os irmãos da parábola mais conhecida de Jesus também precisavam. Nessa parábola, o irmão mais velho representa a ordem, o mais novo, a liberdade. No seu anseio pela liberdade total, o irmão mais novo antecipa a morte de seu pai (a morte de Deus?), recebe a sua herança e parte para longínquas paragens. Quando cai em desgraça, regressa a casa. O motivo do seu regresso não tem absolutamente nada de nobre: tem fome e sente-se atraído pela visão de uma vida melhor, estando até disposto a trocar o seu estatuto de filho pelo de empregado assalariado. Durante o caminho de regresso a casa, vai compondo uma declaração de arrependimento, que repete mentalmente uma e outra vez: "Pai, pequei contra o céu e contra ti. Já não sou digno de ser chamado teu filho; trata-me como um dos teus empregados. Pai, pequei contra o céu e contra ti. Já não sou digno...".

Regressa a casa, e chega agora o momento crucial, não só para si, mas também para o seu pai e para o seu irmão. Se o pai tivesse decidido anotar uma vitória moral e acusar o filho aos gritos, se à chegada deste tivesse dito: "Finalmente se vê quem tinha razão!", em certo sentido, teria matado o seu filho. Teria ficado perdido para sempre como filho e, na verdade, teria ficado apenas com mais um assalariado. Mas o pai nem sequer o deixa proferir as palavras de arrependimento, abraçando-o antes com toda a força. Assim, trouxe de novo o seu filho à vida, salvando-o pelo seu amor generoso.

Esse mesmo momento constituiu também uma preciosa oportunidade para a mudança de coração do outro filho: se este tivesse aceitado do mesmo modo o seu irmão, a história teria tido um final realmente feliz; ambos

---

[5] Cf. Lc 15,11-32.

perceberiam que, assim como a liberdade desordenada acabará sempre em desgraça, também a ordem é incapaz de viver sem liberdade. O irmão mais velho, porém, é incapaz de aceitar o seu irmão como irmão e, no discurso que dirige ao pai (carregado de censuras e de expressões de ciúmes), descreve-o como "esse teu filho": "ao chegar esse teu filho, que gastou os teus bens com meretrizes...". (Por acaso, o narrador, no início, não menciona meretrizes; trata-se obviamente de uma fantasia sexual típica do homem piedoso projetada sobre outra pessoa.)

Como resposta, o pai chama o filho mais velho de "meu filho". Sim, enquanto o filho mais novo alcançou a idade adulta, não só pela sua coragem de partir à aventura e do seu abjeto fracasso, mas acima de tudo pela sua mudança de coração e aceitação, o seu irmão mais velho, pela sua desconfiança, permanecera infantil, dependente e imaturo. Pensa apenas em si próprio e permanece centrado nos seus próprios interesses e desejos, sem pensar minimamente no futuro do seu irmão. Riscou-o do seu coração, como fizera Caim; não se sente "guardador" do seu irmão; não se sente responsável por ele.

Como pode esta parábola ser aplicada à relação entre os cristãos e os humanistas seculares?! As duas correntes são como dois "irmãos", porque têm a mesma mãe (a Europa) e os mesmos "avós" (a fé judaica e a sabedoria da Antiguidade). O "humanismo cristão" e o humanismo secular de hoje também têm o mesmo pai: o Iluminismo, graças ao qual o humanismo cristão é "humanismo", e o humanismo secular herdou o epíteto de "secular".

Se quisermos que essa ambígua palavra mágica, "humanismo", ainda conserve algum sentido positivo, utilizemo-la quando nos referirmos a uma atitude perante o mundo, baseada na consciência de que os seres humanos são precisamente humanos, e não Deus, detêm apenas poderes humanos à sua disposição e uma perspectiva humana (limitada e finita). Não possuem "toda a verdade", mesmo quando professam uma "religião revelada" – são alguns capazes de compreender e de aceitar a revelação de Deus como peregrinos em busca da verdade, reconhecendo-a "só parcialmente, como num espelho e em parábolas". Entre o Renascimento e o Iluminismo, foi precisamente o humanismo que inferiu as consequências apropriadas dessa atitude, que já fora expressa por São Paulo.[6]

Do ponto de vista cristão, o humanismo secular é frequentemente visto como o filho mais novo vagabundo, que partiu para uma terra distante, perseguindo uma visão de liberdade, e que agora, depois da sua queda, antevemos (com uma satisfação maldisfarçada) o seu regresso penitente. Na sua estada "no estrangeiro", em territórios afastados da tradição cristã e de Deus, o humanismo secular foi certamente presa de muitas seduções maléficas. Basta recordar com que facilidade os intelectuais de esquerda sucumbiram aos encantos da ideologia totalitária do comunismo!

Contudo, no "cativeiro da Babilônia" do regime comunista, os cristãos também passaram por várias aventuras, e muitos deles sofreram graves quedas. Muitos deles – como agora se vai revelando gradualmente – deixaram-se confundir pelas forças do mal e não conseguiram resistir a diversas tentações.

"Regressemos à Europa!" era um dos *slogans* da Revolução de Veludo, em novembro de 1989, quase imediatamente a seguir à queda do Muro de Berlim, esse símbolo da Cortina de Ferro com a qual o comunismo separou as nações do leste das da Europa Central do Ocidente, ao qual tinham pertencido ao longo da história milenar da sua cultura.[7] Portanto, nesse sentido, os dois irmãos "regressam à sua casa europeia", embora cada um com a impressão de que tinha, de certo modo, mais "direito de domicílio" do que o outro, como se notou, por exemplo, durante o debate sobre a redação do Preâmbulo da Constituição europeia.

---

[6] Cf. 1Cor 13,12.
[7] João Paulo II e muitos outros afirmaram, com razão, que os habitantes dos países de regime comunista nunca tinham deixado de se sentir e nunca deixaram de ser europeus, até mesmo dentro do império soviético, e que a integração na Europa e a admissão de novos países na União Europeia não constituíram um "alargamento da Europa", mas antes a "europeização da União Europeia".

Penso que o maior teste de maturidade para nós, como cristãos, será a nossa capacidade e disponibilidade para considerar os humanistas seculares de hoje não como nossos inimigos, mas como nossos irmãos – embora tantas vezes irados e nem sempre amáveis. Em última análise, não nos devemos comportar como o "irmão mais velho" *justo, bom!* O mesmo também se aplica à outra parte. Há muitas cicatrizes, injustiças, mal-entendidos, desapontamentos mútuos e conflitos na história das nossas relações uns com os outros, e muitos preconceitos e temores ainda se mantêm. Contudo, não estamos em tempo de recriminações; estamos em tempo de mudança de coração e de busca de compatibilidade mútua.

Estamos atravessando uma ponte muito estreita do passado comunista para a Europa unida do futuro, e o abismo que estamos atravessando é demasiado profundo e perigoso para que as duas partes – os proponentes das duas versões de humanismo – possam lutar entre si. Pelo contrário, aquilo de que precisamos é de apoio e de assistência mútuos. A primeira e principal tarefa com que nos confrontamos como desafio não só de reflexão, mas também de ação prática, é como conduzir a barca comum europeia entre Cila, do fundamentalismo religioso e nacional, e Caríbdis, do secularismo igualmente intolerante, que tenta afastar completamente a religião da arena pública, transformando-se, ao fazê-lo, numa "religião" intolerante.

No passado, o mundo anglo-saxão – de modo particular a América – era um exemplo, para muitos cristãos, de que a fé e o legado do Iluminismo não têm de entrar em conflito. Foi precisamente a experiência de vários católicos romanos na América – através de figuras tais como o jesuíta John Courtney Murray ou o filósofo francês Jacques Maritain, muito familiarizado com a sociedade e a cultura americanas – que deram à Igreja Católica, no Concílio Vaticano II, a coragem necessária para se abrir ao mundo moderno e dizer "sim" a valores tais como a liberdade de consciência, a democracia, a tolerância religiosa, os direitos humanos e o racionalismo crítico. Conseguirá a América evitar a "guerra de culturas" de que algumas pessoas gostam de falar nos nossos dias e resistir aos enganos do "fundamentalismo" e da parcialidade, tanto de esquerda como de direita? Quando vi o filme *O povo contra Larry Flynt*, do meu compatriota Miloš Forman, todo o meu interior gritou: *Não!* Eu não me identifico com Larry Flynt nem com quem disparou contra ele! Mostrem-nos, finalmente, outro caminho!

Assim como a liberdade e a ordem estão interligadas, também a fé cristã e "o legado do Iluminismo", o humanismo secular e o racionalismo crítico o estão. A cultura do Ocidente tem precisamente por base a sua compatibilidade. Eles são irmãos que têm de se complementar e corrigir mutuamente.

A fé sem interrogações críticas seria transformada em uma ideologia enfadonha e sem vida, numa intolerância infantil, ou em fundamentalismo e num perigoso fanatismo. No entanto, a racionalidade sem impulsos espirituais e éticos, que brotam do mundo da fé, tornar-se-ia igualmente parcial e perigosa, podendo transformar-se num cínico pragmatismo ou num rancoroso ceticismo.

Regressemos agora, porém, à imagem da Igreja mencionada no início destas reflexões. A Virgem Mãe não é o único ícone possível da Igreja; também o poderia ser a mulher apaixonada que foi Maria Madalena, apóstola dos apóstolos, que, segundo antigos textos apócrifos, beijou Jesus na boca, e que também, segundo o Evangelho, permanece com Maria e com João sob a cruz, depois de os outros discípulos terem fugido.

Atualmente, Maria Madalena tem sido cortejada por pseudo-historiadores jornalísticos, que escrevem romances de cordel "comerciais" do tipo *Código Da Vinci*, em que ela é transformada – num cadinho alquímico de fragmentos de apócrifos, lendas e escritos esotéricos, e acima de tudo de uma imaginação desenfreada – na superestrela de um Evangelho grotescamente transformado em mito. Mas cada heresia – e os erros desse tipo eram descritos como heresia – é a "verdade enlouquecida" (Chesterton); cada heresia constitui um desafio teológico. Há boas razões para nos interessarmos por Maria Madalena, mesmo depois de ter já passado algum tempo e esquecido os *best-sellers* acerca da descendência dela com Jesus.

A oportunidade de Maria Madalena, para as presentes reflexões, foi-me revelada aqui no eremitério, no dia da sua festa, pelo texto patrístico do breviário para esse dia. Nele, o Papa São Gregório menciona, entre outras coisas, a cena familiar em que Maria Madalena – após a sua confusão inicial – reconhece Cristo ressuscitado, e chama a atenção para um detalhe, que associa de forma interessante essa cena com o encontro de Jesus com Zaqueu (embora o próprio autor não estabeleça essa ligação): Maria só reconhece Jesus quando ele a interpela como "mulher", e o episódio culmina no momento em que o Senhor se dirige a Maria tratando-a pelo nome.

Na sua homilia sobre os Evangelhos, Gregório apresenta-a como um modelo e, sobretudo, como um exemplo de paciência: fé paciente, amor paciente, busca paciente. Maria foi a primeira a ver Cristo, porque se manteve pacientemente junto ao sepulcro, depois de os outros terem partido. "A eficácia das boas obras está na perseverança, como afirma também a voz da Verdade: Quem perseverar até o fim será salvo", escreve Gregório, e continua: "Começou a buscar e não encontrou; continuou a procurar e, finalmente, encontrou. Os desejos foram aumentando com a espera e fizeram que chegasse a encontrar. Porque os desejos santos crescem com a demora; mas os que esfriam com a dilação não são desejos autênticos. Todas as pessoas que chegaram à verdade, conseguiram atingi-la porque lhe dedicaram um amor ardente. Por isso, afirmou Davi: 'A minha alma tem sede do Deus vivo, quando irei contemplar a face de Deus?'. Por isso, também, diz a Igreja, no Cântico dos Cânticos: 'Estou ferida de amor'. E ainda: 'A minha alma desfalece [de amor]'".

Depois da Batalha da Montanha Branca,[8] os católicos erigiram, no lugar do campo de batalha, a Igreja de Nossa Senhora das Vitórias – uma

---

[8] A 8 de novembro de 1620, as forças católicas de Maximiliano I, duque da Baviera, comandadas pelo Conde von Tilly, derrotaram as forças protestantes da Boêmia, na Montanha Branca (*Bílá Hora*, em tcheco), perto de Praga. Seguiu-se a recatolicização do reino da Boêmia.

imagem da Igreja triunfante, *ecclesia triumphans*. Talvez a outra Maria, Maria Madalena, como é apresentada por São Gregório, pudesse ser uma imagem da Igreja que procura, de uma Igreja que triunfa através da sua paciente busca e do seu desejo apaixonado. Talvez essa imagem nos possa dizer mais a nós hoje do que a primeira; se houver alguma forma de a fé poder "triunfar" sobre a falta de fé, isso só ocorrerá na medida em que ela manifestar paciência e anseio genuíno.

CAPÍTULO 6

Uma carta

Na noite anterior à minha partida para o eremitério, tentei ler e dar seguimento, pelo menos uma parte, da enorme pilha de cartas que se tinham acumulado pouco a pouco na minha secretaria de Praga. Fora deixando que se acumulassem aí, ao longo das três semanas anteriores, enquanto examinava alunos, de manhã até a noite, por vezes, lendo ensaios e dissertações até muito depois da meia-noite. Contudo, as minhas boas intenções dissiparam-se, quando abri uma das primeiras cartas em que peguei.

À primeira vista, o envelope chamou-me a atenção devido a seu volume – certamente, ninguém pensaria que tenho tempo para ler cartas tão compridas como aquela, pois não? O seu autor apresenta-se como sendo um engenheiro civil e sente que deveria acrescentar, de imediato, que é um ateu convicto, ou antes, um antiteísta. A sua mulher, porém, é uma crente fervorosa, e ele lê regularmente livros religiosos – até segue o *Catholic Weekly*. Diz-me ainda que, no fundo, leu mais literatura teológica e espiritual da vasta biblioteca da sua mulher do que ela própria. Já leu os meus livros e, embora não concorde minimamente comigo, leu-os com grande interesse, porque são diferentes dos outros; aprecia o fato de eu tentar analisar as coisas de forma imparcial, a partir de várias perspectivas, afirmando ser óbvio que escrevo aquilo que penso e sinto de verdade. Foi por isso que decidiu escrever-me, e anexou um texto antigo que escreveu, no caso de ter tempo para lê-lo, pois talvez encontre aí algumas respostas alternativas às interrogações que apresento ou, no mínimo, poderia confrontar as minhas opiniões com a forma como ele vê as coisas. Diz que não espera uma resposta.

Percebi que se pusesse de parte aquele manuscrito, mais cedo ou mais tarde, ele iria parar no cesto do lixo. Costumo receber muitas missivas semelhantes de sabichões religiosos particulares, que insistem que eu "avalie" e comente as mesmas, confrontando-me sempre com um dilema altamente embaraçoso. De um modo geral, torna-se óbvio, por esses textos, que o autor é um sincero buscador espiritual digno de encorajamento e que, além do mais, muitas vezes, terá passado por algum tipo de conversão extraordinária ou por um momento de iluminação que respeito profundamente. Essas pessoas, porém, aparentemente não entendem como é difícil envolver essas experiências em palavras e transmiti-las a outros de modo inteligível. Geralmente os autores desses textos não têm formação em filosofia nem em teologia, por isso é frequente utilizarem terminologias que desconhecem. O resultado recorda, tristemente, os panfletos neognósticos que atafulham as prateleiras das livrarias, na seção de "Esoterismo". Responder-lhes é, para mim, uma verdadeira agonia, em que me sinto oscilar entre a delicadeza hipócrita e a sinceridade indelicada. Como posso escrever a alguém a quem a sua nobreza de espírito, o seu amor da verdade e a autenticidade da sua experiência espiritual são indubitáveis, mas que o texto sobre o qual enlangueceu e que lhe parece tão promissor não valeu o esforço?

Até aquela carta, que acabaria por me atrair precisamente porque o autor não pedia uma resposta, não prometia qualquer grande aventura espiritual logo de início. Ao começar a escrever, o autor proclamava orgulhosamente o seu ateísmo e prometia que deitaria por terra a fé dos cristãos, que provaria a inexistência de Deus e que demonstraria a absoluta falta de sentido da Bíblia. Como jovem convertido que fora, eu sempre apostara com os ateus militantes que conseguia dar mais provas contra a fé e contra a Igreja do que eles, por isso senti despertar ligeiramente em mim essa fátua competitividade juvenil que ainda conservava.

Para dizer a verdade, a leitura do texto que tinha à minha frente revelou-se bastante enfadonha. Quase todos os párocos de aldeia ou os seminaristas do primeiro ano conseguiriam responder a todos aqueles velhos argumentos esfiapados dos filósofos do Iluminismo, dos positivistas e dos marxistas que aí encontrei.

O autor podia ter-se poupado ao incômodo de desenrolar exemplo após exemplo as inconsistências e contradições presentes na Bíblia, se, em vez de catecismos antiquados, tivesse lido, pelo menos, um livrinho acerca da hermenêutica bíblica contemporânea, ou, pelo menos, a frase esplêndida de Orígenes: "Deus permitiu inconsistências na Bíblia, para nos mostrar que não nos devemos empenhar numa interpretação literal da Escritura, mas que devemos procurar sempre o seu significado mais profundo". O inventário dos horríveis atos da Inquisição e das páginas obscuras da história da Igreja constitui uma miscelânea não só das "lendas negras" dos panfletos de propaganda comunista, mas também dos tristes fatos dos trágicos erros da Igreja, reconhecidos de forma penitencial na aurora do novo milênio, pelo então Papa João Paulo II. O que mais podemos fazer nesse sentido, na nossa época? Deveriam os americanos ser moralmente desqualificados para sempre, devido à forma como os seus antepassados trataram os índios, ou serão os europeus de hoje culpados pelo comportamento dos colonizadores do início da época moderna? Se Alexandre VI foi um infame, será esse de fato um argumento contra a Igreja enquanto tal, ou até mesmo contra a fé?

As questões que caem no âmbito da teodiceia – disciplina teológica que aborda o problema de como reconciliar a existência do mal e do sofrimento no mundo com a fé em um Deus bondoso e onipotente – são realmente muito duras e, por isso, tive de concordar plenamente com o autor no sentido de que muitas das teorias teológicas clássicas não dão respostas satisfatórias. Mas será que o ateísmo as dá? Serão essas coisas mais claras para nós, ou estaremos nós mais bem equipados para nos confrontarmos com o problema do mal e do sofrimento, se chegarmos à conclusão de que Deus não existe? O mundo é ambíguo e cheio de paradoxos. Temos de decidir de forma responsável quais explicações alternativas escolhemos. Você escolheu uma, eu escolhi a outra – que mais nos resta para discutir, meu caro senhor? Eu gosto de críticos provocatórios da religião, como Nietzsche, cheios de ideias originais e brilhantes, provocando novas formas de pensar a fé. Gosto daqueles que nos mostram como são complexos os problemas entre a fé e a falta de fé, e cujos comentários não deixam que a fé caia no torpor ou na complacência.

Gosto quando alguém me deixa sem argumentos, fazendo-me sentir forçado a debruçar-me mais uma vez sobre o excitante abismo do mistério. Aquele texto, no entanto, não continha nada desse tipo. Longe disso, continha apenas o habitual ateísmo superficial, desgastado, ingênuo e autoconvencido, que mais parece a cópia exata de muitos panfletos disparatados emitidos por apologistas religiosos.

O ateísmo pode ser interessante e estimulante na sua função crítica. Torna-se notavelmente aborrecido e estéril quando se transforma numa metafísica dogmática, como sucedeu ao materialismo positivista e ao marxismo. Pode ser útil como adversário, vivendo paradoxalmente da fé e dependente da mesma como uma teologia invertida, mas, de um modo geral, não constrói nada de positivo em seu favor. (Então, mais uma vez, poder-se-ia dizer que a teologia – não a fé como tal, mas a sua elaboração intelectual – "vive da heresia" em certo sentido e até certo ponto, e precisa dela como opositora indispensável.)

"Por que me teria aquele homem enviado aquela carta?", pensei. Será que ele quer realmente me converter e me transformar, de um dia para o outro, nesse tipo de ateu? Será que ele me toma por um idiota, incapaz de responder a argumentos desse tipo, e pensa que a minha fé é uma habitação tão frágil, que se desmoronará como um baralho de cartas ao fim de dez páginas daquela torrente de invetivas? Ou sentirá ele a necessidade de reforçar assim as suas opiniões pessoais, temendo inconscientemente que o seu ceticismo afinal não fosse assim tão consistente e pudesse acabar por se transformar, como um dia me acontecera, em ceticismo sobre o seu próprio ceticismo, relativizando o seu próprio relativismo?

Preparava-me para jogar a missiva no cesto de lixo, quando o meu olhar foi atraído pela sua continuação, obviamente escrita em outra data e em tom bastante diferente. Nela, Deus – cuja inexistência acabara de ser provada de forma conclusiva e de uma vez por todas pelo autor (pelo menos aos seus próprios olhos) – é subitamente alvo da mais extraordinária invetiva, concluindo com estas palavras: "És um tirano de garras sangrentas. Maldito sejas!".

Até para mim que, em tempos, servira de consultor ao Conselho Pontifício para o Diálogo com os Não Crentes, amaldiçoar Deus era "demais". Por isso, recomecei a ler o texto, tentando descobrir, nas páginas que saltara, a razão pela qual ele discretamente ressuscitara o Deus que já conseguira eliminar, a fim de chamá-lo à ordem de forma tão drástica. Encontrei o parágrafo crucial... E este alterou completamente a minha atitude ante aquele texto e seu autor. Nele, o autor revela que uma netinha sua morrera de cancro. Todo o texto precedente fora, obviamente, uma racionalização, camuflando aquilo que o autor declara naquelas duas terríveis frases de encerramento. Antes disso, falara com a linguagem dos tais panfletos; agora falava com a própria voz de um coração dolorosamente ferido. Senti-me imediatamente envergonhado de toda a ironia com a qual lera o texto até o momento específico. A dor humana, mesmo quando revestida da armadura do ateísmo militante, é algo que os cristãos devem levar a sério e tratar com respeito, porque é "território sagrado".

Com as suas litanias de argumentos ateus, estaria aquele homem tentando vingar-se de Deus pela perda que sofrera? Quereria ele realmente espezinhar Deus, para que este deixasse de existir? Ou teria o vazio deixado pelo Deus, cuja inexistência ele provara de forma tão intrincada, sido imediatamente preenchido pelo "tirano de garras sangrentas", pelo próprio Deus contra o qual precisava despejar toda a sua raiva, porque gritar contra um vazio total é ainda mais terrível?

Deverei eu escrever-lhe que o "tirano de garras sangrentas" não existe, de fato, que os argumentos com os quais ele enchera tantas folhas de papel eram todos verdades em relação a esse monstro? Um deus assim, na verdade, não existe... Nisso estamos completamente de acordo! Mas qual será a sua perspectiva agora? Será que o ajudará a pensar que a morte da sua neta foi apenas um "acidente", um absurdo sem qualquer significado? Será que o ajudará a ser aconselhado a não procurar qualquer significado mais profundo na morte da menina, a contentar-se apenas com a explicação médica do processo maligno que provoca a morte de tanta e tanta gente, segundo as estatísticas, suprimindo, pura e simplesmente, as perguntas que não têm resposta: "Por que a mim, dentre tanta gente?", "Por que ela, dentre todos os outros?". Terá sido um alívio para ele encontrar em Deus um culpado contra o qual poderia gritar toda a sua dor, por não conseguir encontrar outro bode expiatório? E mesmo que o encontrasse – um médico que diagnosticara a doença tarde, ou a mãe, que não procurara ajuda médica a tempo –, poderia ele falar com eles no mesmo tom e ficar impune?

Faz parte do serviço de Deus à humanidade "dar a outra face", aguentar um grito ainda mais duro do que a crítica de Jó – ou teria Deus realmente ocultado o seu rosto daquele ateu, deixando-o combater com uma simples projeção do seu próprio horror e da sua própria dor?

Ou será que aquele homem nunca se tinha encontrado de fato com o Evangelho, de tal modo que o seu mundo religioso era, na verdade, o mundo da tragédia antiga, em que todos os acontecimentos do mundo dos seres humanos eram diretamente controlados por deuses, e em que o implacável destino dominava tanto os deuses como os homens? Uma revolta prometeica contra os deuses teria feito um certo sentido, nesse caso. Mas o Deus da Bíblia não é um realizador de sangue frio dos nossos destinos, escondido algures por detrás dos cenários do palco da história. Ele entrou pessoalmente na história do nosso infortúnio e bebeu, até a última gota, o cálice da nossa dor; ele conhece demasiado bem o peso das nossas cruzes! Afinal, por que vituperar um Deus que não intervém nas nossas vidas como um *deus ex machina*, nos dramas da Antiguidade, um Deus a quem só temos acesso através de alguém que tomou sobre si o destino de um servo, "que assumiu a condição humana"[1] e que "estava acostumado ao sofrimento"?[2] O Cristianismo não nos oferece um Deus que nos forneça uma vida sem adversidades ou que nos dê imediatamente respostas satisfatórias a todas as dolorosas interrogações que a adversidade suscita no nosso coração, nem nos promete dias que não serão seguidos pela noite. Só nos garante que, nessas noites mais profundas, Deus está conosco, de tal modo que essa mesma garantia nos deveria dar forças não só para suportarmos as trevas e o nosso fardo, mas também para ajudar outros a suportá-los, de modo particular aqueles que não ouviram nem aceitaram a sua garantia.

Terá aquele homem escrito a sua missiva de indignação ateia antes desse acontecimento, e teria sido agora assaltado pelo temor subconsciente de que aquela morte fora castigo de Deus? Embora tais coisas possam parecer pouco dignas de crédito, eu ficava assombrado, no passado, ao descobrir que muitos ateus, de modo implícito ou inconsciente, manifestavam raciocínios pseudoteológicos e de elaboração muitas vezes patológica, baseados em primitivas noções religiosas.

Há uma peça tcheca em que o protagonista declara que é um ateu tão convicto que muitas vezes tem medo que Deus o castigue por isso. A peça é uma comédia, e os membros da assistência riem natural e abertamente ao ouvir esse comentário humorístico. Ficariam admirados ao ver quantos "ateus", sobretudo aqueles que suprimiram freneticamente a sua fé infantil como resultado de algum trauma sofrido, alimentam de fato essas ansiedades subconscientes.

Além disso, há muita gente que manteve durante muito tempo uma noção infantil de um deus mágico, de um deus de consolações banais e de otimismo superficial, de um "anjo da guarda" a nosso serviço, de um consolador inveterado que nos diz que tudo vai correr bem, de um deus sempre ao alcance da mão, que deve desempenhar um único papel: "trabalhar" no sentido de satisfazer de modo infalível os nossos desejos mais

---

[1] Cf. Fl 2,7.
[2] Cf. Is 53,3.

disparatados. Pequenos deuses tão solícitos caem, logicamente, quando confrontados com as primeiras crises graves das nossas vidas. Depois de se afastarem de um deus desse tipo, muita gente acaba por se declarar "ateia" – muitas vezes com certo orgulho ao descobrir, por fim, a verdade acerca do "mundo real". É óbvio que essas pessoas nunca cruzaram com um cristão, com um judeu ou com um muçulmano, que os felicitariam pela sua descoberta de que "Deus não trabalha", de que essa projeção dos nossos anseios infantis por um poder ilimitado (sob a proteção de um grande aliado por detrás dos cenários do palco humano) é um ídolo, e de que, derrubando-o, entrariam na antecâmara de um possível encontro com o Deus vivo, o Deus da fé peregrina de Abraão.

Talvez aquele trágico acontecimento, afinal, tenha feito o meu correspondente passar de um ingênuo ateísmo para uma luta com Deus. Terá ele percebido que, ao amaldiçoar Deus, tinha entrado, de fato, no território da fé? Toda a Bíblia está cheia de testemunhos de que Deus tem certo fraco por aqueles que lutam com ele, como costumava dizer o teólogo polaco, o padre Józef Tischner.

Não há dúvida de que é verdadeiramente terrível, dramático e talvez até impossível sofrer sem Deus. Sofrer sem uma contrapartida, no abismo do absurdo anônimo, da cega fortuna ou do destino inexorável sem rosto nem coração, que nem sequer pode ouvir o meu choro, os meus protestos e a minha ira. É por isso que, nas profundezas do sofrimento, alguns "não crentes" ouvem pela primeira vez a voz de Deus, que falou a Jó do meio do turbilhão da tempestade e a Elias na brisa suave. Contudo, há outros – sobretudo os que têm menos paciência – que, em momentos assim, "criam o seu próprio deus" só para terem alguma coisa com que se confrontar, a maior parte das vezes no banco dos réus. Se uma pessoa consegue encontrar um culpado da sua infelicidade e consegue levá-lo a julgamento, alivia de certo modo o absurdo e a falta de sentido da sua infelicidade. Nesse momento, fica numa situação mais ou menos familiar, com a qual consegue lidar, evitando assim as profundezas sombrias do impenetrável e do ininteligível. É preferível um "tirano de garras sangrentas" do que um vazio insondável e inominável!

Contudo, não se pode viver durante muito tempo com um "tirano de garras sangrentas" ou com deuses "de fabricação caseira". Tudo isso são fantasmas, não passa de fantasmas. Há que eliminá-los ou erradicá-los de dentro de nós. Em certas pessoas, o ateísmo, "a morte de Deus" e a aversão à religião são o resultado desse mesmo ato – libertam-se de um deus desse tipo, quer tivesse sido anteriormente criado por elas, a partir do sedimento patológico de dor e de ansiedade, quer o tivessem "herdado", pois, infelizmente, é possível transmitir deuses perversos desse tipo a outros (de modo particular às crianças), através da educação ou de certo tipo de pregação.

Aliás, poderá ter sido isso que sucedeu com Nietzsche. O seu conceito de Deus teria, aparentemente, sofrido desde a sua infância por conta do tenebroso e traumatizante sonho em que, pouco depois da morte do seu pai, viu este erguer-se do seu túmulo ao som de um órgão, regressar a casa e levar consigo uma criancinha, arrastando-a para a sua sepultura. Nietzsche confessa que, na manhã seguinte, depois de ter acordado desse horrível e angustiante sonho, o seu irmãozinho mais novo havia morrido de repente. Será possível que um misto de ansiedade e de culpabilidade pelo fato de seu pai, já falecido, ter levado o seu irmão para o túmulo, em vez de o levar, tenha ficado no subconsciente da criança? Não merecerá esse "deus pai", que ameaça os vivos a partir da sua sepultura, ser morto de uma vez – a fim "de ser morto e assim permanecer", como proclama o louco de *A gaia ciência*?[3]

Abandonar uma religião desse tipo e ter a coragem de erradicar um deus assim de dentro de si constitui sem dúvida um passo positivo. Mas aonde ir, a partir daí? A interrogação mantém-se: "Mestre, aonde iremos?" (Jo 6,68).

---

[3] Uma interpretação semelhante, com muito mais referências ao contexto da vida e da obra de Nietzsche, pode ser encontrada em: RICHARD ELLIOTT FRIEDMAN, *The Disappearance of God: A Divine Mystery*, Boston, Little, Brown, 1995.

Percebi que, enquanto a sua dor não se atenuasse, eu não me deveria limitar a dizer ao homem que me escrevera: "Deus ama-te". Há certas verdades que, se forem ditas no momento errado, não só se transformam em frases feitas, embaraçosamente vazias, mas podem até ofender e ferir os outros. Inicialmente, os amigos de Jó sentaram-se dia e noite em silêncio com o seu amigo sofredor – e se assim se tivessem mantido, sem sucumbir à louca tentação de fazer dele o objeto dos seus "cuidados pastorais", provavelmente teriam poupado a si próprios da dura censura do Senhor, já perto do fim do livro, quando Deus interrompe as suas piedosas especulações e justifica apenas Jó, que lutara com ele e o chamara a juízo.

Ainda não respondi àquela carta, e não sei ao certo se isso se deve à covardia, preguiça ou fraqueza, e à indecisão da minha própria fé e teologia, ou se julguei corretamente que quaisquer palavras nesta fase só serviriam para deitar mais lenha na fogueira e mais sal na ferida. Se eu não vivesse tão longe do autor da carta, penso que teria ido ter com ele e lhe apertaria a mão com força. "Onde estava Deus, quando a sua netinha estava morrendo? 'Eu também não sei' –, dir-lhe-ia, com toda a verdade. 'Neste momento, porém, gostaria que o sentisse nesta mão que aperta a sua'."

"Quem é o meu próximo?", perguntaram a Jesus, tentando fazê-lo estabelecer fronteiras bem definidas. Será apenas o honesto judeu que cumpre os seus deveres religiosos, ou também o pecador e o funcionário da alfândega como Zaqueu? Será apenas um judeu, ou talvez também alguém dentre os nossos vizinhos incircuncisos?

E Jesus, como de costume, contou uma história: a parábola do Bom Samaritano. E a moral da história, a resposta à pergunta feita – que Jesus levaria, quem o interpelou, a dar pela sua contrainterrogação – é a seguinte: Transforma-te tu em próximo. Não é necessário especular sobre quem é o nosso próximo; tu não precisas que um guru te dê essa resposta. A resposta deve ser determinada por ti, pelos teus atos, pelas tuas atitudes, e, com estes, poderás atravessar quaisquer fronteiras. Ultrapassando o teu egoísmo, fazendo-te próximo das pessoas – sobretudo nas suas necessidades –, podes transformar as pessoas em teus próximos, e podes ir alargando a área da tua proximidade sem fronteiras.

As pessoas queriam ouvir dizer que sinais na terra, no sol e nas estrelas acompanhariam a chegada do Reino de Deus e, às vezes, Jesus parecia respeitar a sua impaciência. Certo dia, porém, disse-lhes: "O Reino de Deus já está no meio de vós". Estava no meio deles na pessoa de Jesus, acima de tudo no seu amor, que ultrapassava todas as fronteiras.

Sempre que seguimos no encalço de Jesus, aproximando os outros de nós, incluindo os que estão "afastados", o Reino de Deus é alargado na terra. A liturgia de Quinta-feira Santa, quando o celebrante obedece à ordem de Jesus "também vós deveis lavar os pés uns aos outros", canta essa obediência com as palavras da antiga sequência: "Onde há caridade e amor, aí habita Deus".

Mas onde é que Deus está, quando não há amor, quando só há crueldade, dor, pecado e sofrimento? Ele está presente na fé e na esperança paciente daqueles que, em tais situações, não se deixaram ultrapassar pelo mal. A crueldade, a dor e a indiferença não só têm os seus perpetradores, também têm sempre as suas vítimas, embora nem sempre as vejamos ou queiramos ver. As vítimas de violência podem ser sempre atraídas para o círculo da maldade, ansiando por vingança, mas também podem rejeitar esse anseio sinistro. As vítimas de dor são tentadas pela maldade ou pela resignação, mas também podem acabar por ultrapassar essa tentação e fazer as pazes com esses estados de espírito.

Em certos casos, será esperar demais pedir amor e alegria às vítimas, no meio da dor e do ódio. Mas talvez elas possam mostrar paciência. Como dissemos no princípio, a paciência compreende dois aspectos fundamentais da fé: a confiança e a fidelidade. Em determinadas situações, a fé e a paciência são apenas nomes diferentes da mesma atitude.

Além disso, se o amor pode implicar ou "substituir" a fé – como vimos no caso de Teresa de Lisieux, moribunda –, então, talvez a fé paciente também possa esperar que a noite do ódio ou da dor passe e, assim, pelo menos preparar o caminho para o amor. Sim, essa fé pode preparar o caminho, mas é tão difícil acelerar ou forçar o alvorecer do amor e da alegria, como fazer surgir a alvorada durante a noite.

É só aqui, no silêncio, que me ocorre que a única razão para aquele homem me ter mandado uma carta tão horrenda, em que Deus é amaldiçoado, para a qual não pretendia resposta, talvez tenha sido porque algures, nas profundezas da sua alma, ele sentia ou esperava que eu rezasse por ele. Talvez também ele seja Zaqueu, a olhar ao longe, e eu, supostamente, devia aproximar dele o Único que, mais do que qualquer outra pessoa, compreendia a dor humana.

E, assim, tenho realmente rezado por ele aqui no eremitério. Tenho rezado por qual motivo? Pela sua "conversão", no sentido de que ele deveria substituir as suas opiniões sobre a religião pelas minhas? Acho que isso seria um pouco presunçoso. Rezo que lhe seja concedido o dom da paciência, a fim de que a desesperança da dor, da ira e da maldição não sejam a última palavra na sua comunicação com Deus, a quem, afinal, ele dedicou muito tempo e esforço – muito mais ainda do que tanta gente piedosa. Hoje me impressionou – e fez-me sorrir, porque se trata de algo que eu não poderia escrever-lhe neste momento – que se ele conseguisse orientar toda essa energia em uma direção bastante diferente, se ele recebesse, de fato, o dom da "paciência com Deus" e o usasse, já teria todas as características de um santo. De qualquer modo, quem sabe até onde a sua caminhada o levará?

Sim, a longa confissão daquele velho ateu só começou a interessar-me, realmente, quando descobri que a sua última frase blasfema brotara de um lugar muito mais profundo do que aqueles argumentos estafados da razão iluminista: brotara de um coração ferido. Era o "ateísmo apaixonado" em que o cristão, que é filho de Kierkegaard – esse profeta de fé apaixonada semelhante a um salto arrojado da certeza para o próprio coração do paradoxo –, reconhece um irmão!

Existe o ateísmo apaixonado e o ateísmo apático, assim como existe a paixão e a apatia no mundo da religião. Faz pouco sentido gastar muito tempo com o ateísmo da indiferença, que, pura e simplesmente, não está interessado na questão de Deus, porque esta não se encaixa no seu mundo de "certezas científicas" ou de segurança material, a menos que tenhamos uma "razoável desconfiança" de que essas certezas talvez mascarem apenas uma irrequietude interior. Cuidado, poderia tratar-se apenas de uma projeção dos nossos próprios desejos!

O ateísmo da apatia é exatamente tão enfadonho como a fé ociosa e apática, que encontra uma casa acolhedora – com os seus hábitos e as suas certezas – na "herança dos pais", no tesouro que enterra com cuidado, sem qualquer intenção de arriscar ou investir no jogo, por medo de perder tudo – como o servo mau e preguiçoso da parábola dos talentos de Jesus. Este tipo de fé também não faz nada para aumentar o tesouro e, como Jesus adverte, acabará por perder tudo; até mesmo o que tem lhe será tirado.

O ateísmo apaixonado assume pelo menos duas formas diferentes: a paixão dos protestos e a paixão da busca. Neste livro, o pequeno Zaqueu do Evangelho de Lucas transformou-se num símbolo dos que buscam, devido ao seu olhar curioso através da folhagem. Se as pessoas procuram Deus de forma explícita e se declaram ateias, porque não o encontraram em nada do que lhes foi oferecido pelas instituições e pelas doutrinas religiosas, então, o que pretendo aqui colocar em questão não é a sua busca, mas antes a sua prévia autocompreensão e a sua autodesignação como ateias. Gostaria de lhes dizer que elas só são "ateias" em relação a certo tipo de religião e aos seus aderentes (e talvez apenas aos seus próprios olhos), que são adversários da religião ociosa – mas que (mesmo opondo-se a essa forma de religião) também são aliadas, vizinhas e parceiras de Agostinho, Pascal, Kierkegaard, e de milhares de outros para quem a fé é, precisamente, uma caminhada constante e apaixonada para Deus, que não pode nem deve terminar nesta terra. Por outro lado, não arrastemos precipitadamente esses buscadores para o nosso lado, respeitemos o ritmo da sua caminhada. Respeitemos a sua autocompreensão e demos-lhes tempo e liberdade para decidir quando eles próprios quiserem – e se alguma vez quiserem – dar o passo da "mudança de nome". Tenhamos sempre em mente que todos são convidados, mas que ninguém deve ser forçado!

Os buscadores apaixonados também incluem aqueles que nunca veem a sua busca como uma busca de Deus, como uma busca religiosa. Poderão falar em termos de busca de verdade, de significado, de justiça ou de amor. O mais provável é que eles não digam nada por medo de profanar a sua busca e o seu "objeto" diante de outros e de si próprios, empregando expressões "grandiosas" e fervorosas, tantas vezes esvaziadas de sentido até caírem no mau gosto ou na banalidade. Sim, também nessas pessoas a nossa fé agostiniana, pascaliana ou kierkegaardiana – essa forma de entender e de viver o Cristianismo – vê os seus aliados concretos. Considera-os irmãos e irmãs que (talvez vindos de outra direção, por um caminho diferente, utilizando um mapa diferente e uma corda diferente) vão subindo na sua íngreme escalada até atingirem o cume do monte, que, por enquanto, nos é apresentado envolto em nuvens, de tal modo que temos ideias e expectativas diferentes em relação à sua forma precisa. É possível, e até provável, que tanto nós como eles acabemos surpreendidos – e não só por aqueles que aí encontramos ou (talvez) venhamos a encontrar, no fim. Mas também a essas pessoas devemos oferecer a nossa amizade e a nossa proximidade. Demonstremos abertamente a nossa convicção de que somos irmãos, embora sem cair num proselitismo atrevido, arrogante ou invasivo, sem nos intrometermos, sem reivindicar precipitadamente os outros como nossa propriedade (algo contra o qual o grande pensador judeu Emmanuel Levinas advertiu). As pessoas apaixonadas reconhecem-se instintivamente, do mesmo modo que é difícil a duas pessoas apaixonadas esconder o seu amor, por muito que o tentem. Contudo, não lesemos o direito e a liberdade dos outros de darem à sua paixão o nome que quiserem.

No "acampamento dos ateus", porém, não se encontra apenas uma "busca apaixonada". Também há protestos apaixonados e ódio apaixonado. Às vezes, dou uma vista de olhos a *chats* na internet, o que para mim é uma experiência angustiante: todo aquele ódio e maldade terríveis que a mínima menção de Deus e da fé, ou da Igreja e da religião, suscitam em tantas pessoas, ocultas no anonimato ou por detrás de pseudônimos, e que só raramente se atrevem a revelar o seu verdadeiro nome. Quantos crimes cometidos contra cristãos já encontraram armas nessas planícies de preconceitos e de malevolência, que lembram tanto a maldade antissemita que se manteve latente durante milênios na consciência ou na inconsciência de muitos cristãos, até que uma ideologia neopagã a transformou no inferno do Holocausto?

Mas até diante disso procuro entender. Não nos ensinou Santo Inácio de Loyola a envidar todos os esforços, até os limites possíveis, para atribuir as melhores intenções a cada ato do nosso próximo? A maldade e o ódio constituem, sem dúvida, vícios perigosos; às vezes, porém, a retórica e os sentimentos de ódio ocultam outra coisa: a paixão pelo protesto.

Em vários pontos deste livro temos salientado que o fanatismo do ódio antirreligioso pode ser uma tentativa frenética de sufocar as dúvidas inconscientes dos ateus – escondidas até aos próprios olhos – sobre a sua falta de fé, tal como o fanatismo dos crentes costuma ser uma batalha que pretende substituir as suas próprias dúvidas religiosas não reconhecidas.

Os biógrafos de Sigmund Freud descrevem a sua hostilidade diante da religião eclesial – que, de vez em quando, se desvia emocionalmente da análise acadêmica estritamente racional e supostamente imparcial –, da sua "tentação de se inscrever na Igreja" (ser batizado), que menciona na sua correspondência (quer na esperança de promover a sua carreira acadêmica e a sua aceitação social na Viena da época, ou evocando a sua "segunda mãe", a sua ama católica, e o seu próprio fascínio de criança perante o mundo do Catolicismo, como se verificou no momento da sua autopsicanálise).[4]

Sim, a retórica do ódio tende a traduzir-se em dor, feridas e "acusações apaixonadas contra Deus" – como verifiquei naquela carta. Tende a ser um grito de dor e de protesto. As pessoas sentem dolorosamente a "injustiça" e a "falta de merecimento" do mal que as atingiu, e protestam contra ele. Mas, neste ponto, chegamos ao paradoxo oculto desse ateísmo de protesto apaixonado: a própria premissa de uma boa ordem preestabelecida – justa e cheia de sentido –, no mundo, em que só os bons são recompensados e os maus, punidos, constitui, como Nietzsche se apercebeu com razão, uma premissa religiosa – e, por isso, até os protestos contra ela atuam dentro do mesmo âmbito religioso.[5] Afinal, seria absurdo se a pessoa que protesta contra a violação dessa ordem já tivesse negado a própria existência da mesma. Se não reconhecêssemos essa ordem e não acreditássemos na sua existência, qual seria o sentido dos protestos contra o mal e a injustiça – o que determina um acontecimento "injusto" ou "mau"?

Se alguém quisesse ser um ateu consistente, ele teria de ser um estoico, capaz de aguentar tudo, ou – como Dostoievski analisou com grande perspicácia – tentaria provavelmente, por algum meio (a maior parte das vezes através do suicídio), como Ivan Karamazov, "devolver o seu bilhete de vinda a este mundo"; ou, em alternativa, poderia tentar – como os "Demônios" de Dostoievski (e aqueles que promoveram de fato essa visão na história) – colocar o mundo inteiro sob o seu próprio controle. Um protesto ateu contra Deus e contra a própria fé brota do solo da fé numa ordem divina de bondade e justiça, confirmando e reconhecendo de fato essa fé através dessa dor e protesto. Se eu quiser amaldiçoar Deus, tenho de acreditar, no

---

[4] Cf., por exemplo, Paul C. Vitz, *Sigmund Freud's Christian Unconscious*, Nova York, Guilford Press, 1988.

[5] Nietzsche demonstrou que a nossa própria racionalidade, a nossa ciência, a nossa lógica e a própria estrutura da nossa linguagem continuam a ser a "sombra do Deus morto" – continuam a atuar, embora com outros nomes, dentro do conceito teológico e metafísico de Verdade, que nós próprios não criamos e continuamos a "não criar". Muitas formas de "ateísmo" limitaram-se a mudar o nome de Deus e a sua ordem, mas não se libertaram dele.

mínimo, na sua existência – de tal modo que o possa censurar por não ser um deus conforme aos meus próprios desejos e critérios, por não corresponder aos meus conceitos de como ele se deveria comportar. Se, depois disso, eu decidir "rejeitar Deus", tudo o que rejeitei foi a minha própria ilusão religiosa (muitas vezes, involuntária). Encontro-me numa encruzilhada em que ou posso considerar a vida um gigantesco absurdo (o que poderá dar origem a resignação e cinismo), ou, desafiando as trevas, manter-me aberto, com paciência e confiança, a um possível raio de luz – tendo rejeitado "o deus que satisfaz os meus desejos", a fim de encontrar coragem para confiar no Deus do Mistério e procurar entender antes os seus desejos e satisfazê-los. A fé no Deus vivo é, por sua natureza, um diálogo em que também há lugar para gritos de protesto. Muitas vezes, só passando por muitas crises e por uma busca aturada é que se aprende a viver na presença do mistério, a suportar até as próprias dúvidas e a dar finalmente a Deus a liberdade de ser um verdadeiro Deus, muitas vezes, radicalmente diferente do "deus dos nossos sonhos".

Uma fé ateia consistente deveria calar imediatamente a boca de qualquer protesto contra a injustiça da vida – tratar-se-ia, afinal, de um "protesto sem destinatário".

Mas quem quer que tenha tentado abafar dentro de si qualquer protesto contra o mal, a dor e assuntos dolorosos, só improvavelmente poderia continuar a ser humano de verdade. O estoicismo do ateísmo consistente demonstraria dureza de coração e um espírito fechado, em vez da sabedoria de alguém conhecedor. Mais cedo ou mais tarde, transformar-se-ia provavelmente em conformismo com este mundo, o ateísmo da indiferença – e a indiferença diante do problema de Deus poderia transformar-se, facilmente, em indiferença perante as questões dolorosas e a dor do coração humano. Aquele gênero de ateísmo indiferente, mas verdadeiramente consistente, seria, de fato, a antítese de uma fé que busca – e acabaria, provavelmente, por se assemelhar cada vez mais a essa "religião ociosa", que é, de fato, uma fé morta, e que também rejeita todas as questões existenciais, para que estas não perturbem a tranquilidade das suas próprias certezas.

Por outro lado, uma fé que busca pode ter um sentimento semelhante ao do ateísmo da dor, da paixão e do protesto. Também nós nos encontramos, por vezes, frente a frente com o mistério do mal, na dor de perguntas sem resposta; a nossa fé resiste a permanecer na paz das respostas definitivas, mesmo que tais respostas fossem o conforto mesquinho do "ópio religioso" ou a aceitação estoica da falta de sentido do mundo. Nós também sabemos que somos apenas peregrinos e que só vemos respostas verdadeiramente satisfatórias ao longe, como num espelho (ou seja, numa imagem invertida), em enigmas e parábolas. A nossa fé também assume, por vezes, a forma de uma disputa com Deus, como quando Jacó lutou com ele no escuro, num vau do rio Jaboc. Jacó, obviamente, saiu vitorioso. No auge da luta, no momento de catarse desse drama noturno, agarrou o seu adversário com toda a força e suplicou-lhe (ou antes, exigiu-lhe) que lhe desse a sua bênção –, mas ficou ferido.

Há apenas uma forma de conquistarmos esse apaixonado ateísmo de protesto: abraçando-o. Abracemo-lo com a paixão da nossa fé e abençoemo-lo: façamos da sua experiência existencial parte da nossa própria experiência. Só poderemos obter a bênção da maturidade se a nossa fé levar a sério a experiência humana da tragédia e da dor, e se suportar essa experiência sem a banalizar com consolações religiosas fáceis. A fé madura é a permanência paciente na noite do mistério.

Na luta com o ateísmo – uma luta que não chegará ao seu termo como resultado de desdenhosa rejeição, ardilosa polêmica, argumentos astuciosos ou arrogância intelectual, mas que culminará num abraço, reconhecendo a paixão dessa falta de fé como irmã da paixão da nossa fé –, podemos ser feridos como Jacó e tornarmo-nos "peregrinos coxos". A fé madura é sempre uma fé ferida pelo sofrimento do mundo. Reconhecemo-la pelas suas cicatrizes – tal como Cristo ressuscitado se identificava diante dos seus apóstolos com as suas cicatrizes. Sim, só dessa forma e a troco disso poderemos adquirir um novo nome, um nome que caracteriza o povo eleito: aquele que combateu e prevaleceu.

CAPÍTULO 7

Um Deus desconhecido, mas demasiado próximo

A narrativa bíblica de Zaqueu tem um final feliz: Zaqueu converteu-se, decidiu dar metade dos seus bens aos pobres e generosas compensações a quem quer que tivesse enganado e, assim, a salvação entrou em sua casa. Contudo, a vida de Zaqueu não terminou aí. O que aconteceu a seguir? O Evangelho não no-lo diz. Por isso, somos livres para criar os nossos próprios apócrifos sobre o mesmo.

Suponhamos que Zaqueu fez, de fato, tudo aquilo que prometeu. Ao fazê-lo, o nosso "homenzinho" cresceu aos seus próprios olhos e aos olhos dos seus vizinhos. A sua nova vida trouxe-lhe muita alegria e satisfação: encontros deste tipo, com Jesus, não se esquecem certamente de um dia para o outro. Jesus não o convidou a tornar-se um dos seus discípulos, como fizera com o seu colega Mateus, "o cobrador de impostos". Zaqueu não passou a ser um apóstolo itinerante nem escreveu um Evangelho. Manteve-se fiel à sua profissão, tentando agora fazer bem o seu trabalho. Poderá o pecador convertido ser chamado discípulo de Jesus, ou terá antes continuado a ser um simpatizante, recordando apenas, com frequência, o seu benfeitor com gratidão e tomando o partido de Jesus, sempre que este vinha à baila em conversas com os seus vizinhos?

Não é fácil basear a própria vida cotidiana num episódio que só teve lugar uma vez. E assim, com o passar do tempo, até o entusiasmo de Zaqueu se cobriu de poeira dos cuidados cotidianos. Não é que ele tivesse abandonado Jesus, mas já não pensava nele com tanta frequência como antes. Afinal, não tinha dito o próprio Mestre que bastava a cada dia o seu trabalho? Certo dia, a notícia do julgamento e da execução de Jesus chegou a Jericó. Zaqueu ficou cheio de medo e de desgosto. Sentia-se confuso e de coração despedaçado e, quando ouviu as histórias que corriam acerca do sepulcro vazio de Jesus e de como, aparentemente, ele aparecera aos seus discípulos, a sua confusão aumentou ainda mais. Certa noite, subiu de novo à figueira, para acalmar os seus pensamentos e emoções por entre a sua folhagem.

Depois, durante as noites de verão, regressava ali uma e outra vez, até que a sua família e os seus amigos começaram a ver nisso uma atitude excêntrica. "Está à espera de Jesus", diriam eles, não sem certa ironia. Estaria realmente à espera? Não sabemos o que se estaria a passar na sua cabeça e no seu coração. Uma coisa é certa, Jesus nunca mais apareceu na estrada que ligava Jericó a Jerusalém. Será possível que Zaqueu tenha sido chamado uma segunda vez?

É possível que toda a nossa civilização se encontre numa situação semelhante à de Zaqueu. Jesus passou uma vez pelo nosso caminho e interpelou-nos pelo nome. Mas isso já foi há muito tempo. Embora muitos vestígios do seu ministério ainda se mantenham evidentes, outros foram cobertos, há muito, pela poeira do esquecimento. Ouvimos a mensagem de Nietzsche, segundo a qual "Deus morreu". Muitos ficaram confusos com ela, enquanto outros não foram minimamente afetados na sua autocomplacência. No entanto, continua a haver Zaqueus por aí, excentricamente sentados nos seus postos de observação, solitários e ocultos. Voltarão eles alguma vez a ser "chamados pelo nome"? Será possível insuflar uma nova vida numa fé cansada – tanto na fé dos indivíduos como no ambiente espiritual das nossas comunidades e sociedades?

Durante a minha prática, de muitos anos, como diretor espiritual, acabei por conhecer um grande número de pessoas cujo entusiasmo pela fé tinha sido incandescente. Era a fé da sua infância, imbuída dos perfumes de um lar seguro, ou uma fé que certo dia foi atingida pelo fogo e se incendiara, como uma árvore atingida por um raio. Mas o "tempo" – e quantas coisas se escondem por detrás deste termo polivalente – voltara a consumir quase tudo até as cinzas. Agora, a fé dessas pessoas não passa de uma fé latente.

Por vezes, tentam dar uma cambalhota convulsiva para trás, regressar à fé da sua própria infância e das suas verdades simples, ou às suas próprias noções acerca da infância da Igreja: fujamos da confusão das complicações atuais, para as certezas inabaláveis do passado! Contudo, não se pode entrar na água que já passou no rio do tempo. Brincar de passado – o próprio passado ou o passado da Igreja – não trará de volta esse passado nem ressuscitará as suas certezas supostamente inabaláveis; limitar-se-á a remexer um charco de ilusões e a produzir caricaturas tragicômicas. E mesmo que fosse possível trazer de volta esse passado, isso só seria pretexto para um chocante desapontamento: nem os primeiros séculos foram isentos de tensão.

Muitas imperfeições, conflitos e problemas do passado foram, pura e simplesmente, "censurados" pelas nossas fantasias românticas ou criaram uma fictícia "idade de ouro da fé". O mais provável é que nunca tenha havido nenhuma "idade de ouro da fé" – cada dia, cada época e cada cultura têm os seus próprios cuidados, problemas e lados sombrios.

O cansaço da própria fé leva as pessoas a procurarem atividades oferecidas por vários "novos movimentos religiosos", em particular por aqueles que tentam afogar as interrogações racionais com calorosas emoções e com o poder persuasivo de manifestações de massa. Porventura não lhes ocorre que aqueles milagres e curas espetaculares em estádios constituem expressivas reminiscências daquilo que Satanás tentou que Jesus fizesse no deserto, e que Jesus rejeitou de forma determinante? Porventura não vão ficar desapontados e dolorosamente desiludidos, como aqueles que escapam dos seus problemas com as drogas?

Outros tentam renovar a pureza e o fervor da sua fé, projetando todos os seus problemas e dúvidas nos outros: assim, já podem rejeitá-los, condená-los e extirpá-los! Muitos dos inquisidores autonomeados do passado e do presente, que têm combatido apaixonadamente contra os "hereges", foram recrutados dentre aqueles que eram incapazes de admitir e de suportar as suas próprias dúvidas e tentavam livrar-se delas através "do mecanismo de projeção". Felizmente para eles, a luta contra os "inimigos da fé" é interminável, porque, se alguma vez conseguissem erradicar cada um deles e ficassem completamente sozinhos, acabariam por cair vítimas dos seus próprios demônios, que regressariam a casa, "e a condição final dessa pessoa seria pior do que antes".[1]

Como mencionamos anteriormente, nos tempos atuais, muitas pessoas tentam atribuir à Igreja (isto é, à hierarquia, à instituição) a responsabilidade pela debilidade da sua própria fé, tornando-se críticos mais amargos ou reformadores frenéticos das suas estruturas institucionais, ou, em alternativa, saem dela, completamente frustrados.

Já dediquei um capítulo inteiro à Igreja – é verdade que não a desvalorizo. Contudo, tenho a impressão de que os seus críticos radicais e os seus igualmente agitados apologistas se parecem uns com os outros, na medida em que sobrevalorizam a sua importância, de modo particular o seu aspecto visível e institucional. Se alguém "se cansa da Igreja" – o que por vezes compreendo perfeitamente –, deverá esse cansaço transformar-se em cansaço perante a própria fé?

Há vários anos, procedeu-se a uma investigação aprofundada sobre a orientação para os valores dos europeus contemporâneos. Um dos seus

---

[1] Cf. Mt 12,45.

comentadores teológicos escreveu: "Deus já não é um Deus evidente, tornou-se um Deus estranho e desconhecido".[2] Reagi a isso numa conferência, em que perguntei, a mim próprio e aos meus ouvintes, se isso não representaria porventura uma oportunidade fantástica, e até então desaproveitada, para o Cristianismo.[3]

Recordei a famosa cena dos Atos dos Apóstolos, do discurso de Paulo no Areópago de Atenas.[4] Paulo começa por elogiar os atenienses por serem tão devotos, construindo altares a tantos deuses, de tal modo que até evocam "um deus desconhecido", cujo altar o intrigara de modo particular, enquanto deambulava por aquele jardim sagrado. Os comentadores da Bíblia ainda hoje argumentam se essas palavras de elogio da "idolatria pagã" – bastante invulgares nos lábios de um judeu devoto – não seriam uma *captatio benevolentiae* retórica (uma tentativa de conquistar o favor dos ouvintes) ou, em vez disso, uma expressão de cáustica ironia.

Paulo continua apresentando a sua interpretação desse "deus desconhecido": "Aquele que venerais sem o conhecer é esse que eu vos anuncio" (At 17,23). Esse Deus não é um dos deuses que talvez tenha sido esquecido e que, por isso, deve ser honrado apenas por descarrego de consciência, para impedir que ele mostre a sua ira e se vingue; pelo contrário, é o Criador e Senhor do céu e da terra. Logo a seguir vem a crítica da idolatria feita por Paulo – esse Deus não habita em templos materiais nem precisa de rituais humanos; afinal, a divindade não é uma espécie de artefato humano nem

---

[2] Peter Hünermann, Der fremde Gott – Verheissung für das europäische Haus. In: MICHAEL J. BUCKLEY, PETER HÜNERMANN, *Gott – ein Fremder in unserem Haus?: Die Zukunft des Glaubens in Europa*, Friburgo, Herder, 1996, p. 204. O mesmo autor, em comentário a um estudo sobre a orientação de valores europeus, que revelou que 4% dos europeus descrevem a si próprios como ateus, mas que apenas 35% acreditam em um "Deus vivo" (18% não sabem e 35% acreditam em um "poder superior"), comentava: "Para dois terços dos habitantes da Europa, Deus é um Deus estranho". PETER HÜNERMANN, Der fremde Gott: Eine Theologische Reflexion. In: STEPHAN PAULY (ed.), *Der fremde Gott in unserer Zeit*, Estugarda, Kuhlhammer, 1998.

[3] Cf. TOMÁŠ HALÍK, *Vzýván i nevzýván*, Praga, Nakladatelství Lidové noviny, 2004, pp. 321-38.

[4] Cf. Atos 17,19–18,1.

um objeto material. A idolatria, diz Paulo, é uma expressão de ignorância. Deus tolerara durante muito tempo aquela atitude imatura, pela qual as pessoas se relacionavam com ele, mas agora a situação mudara radicalmente e chegara o tempo do arrependimento.

Paulo fala do culto grego dos deuses com um espírito de censura e ironia semelhante ao que fora utilizado pelos profetas de Israel, ou pelos antigos filósofos, quando criticavam o antropomorfismo religioso primitivo. Apesar disso, Paulo encontra para eles uma certa tolerância baseada nas circunstâncias da época; talvez ele aceite implicitamente o "período de ignorância" – a era das religiões pagãs – como uma espécie de preparação para a vinda de Cristo, à semelhança da forma como se refere nas suas cartas à Lei de Moisés.

Aqui ele fala do verdadeiro Deus, o tal Deus desconhecido dos gregos, apoiando-se mais em categorias filosóficas e em termos de piedade poética (*eusebeia*) do que em termos de religião como culto. O seu discurso aos atenienses, com as respectivas referências aos poetas gregos, poderia até recordar certa forma de panteísmo ou, no mínimo, de panenteísmo: "Ele não está longe de nenhum de nós" – afirma Paulo. – "De fato, nele vivemos, nos movemos e somos... Pois nós também somos da sua estirpe" (At 17,27-28).

Paulo, porém, prega o Deus Criador – esse Deus criou o mundo e a sua ordem ("fixou a sequência dos tempos e os limites para a sua habitação") –, a fim de que os homens procurem a Deus "e se esforcem por encontrá-lo, mesmo tateando". Eis uma afirmação muito forte: o objetivo da criação é uma busca religiosa!

Há mais qualquer coisa que deveríamos notar, porém: um Deus "desconhecido" não é um Deus distante. Pelo contrário, ele está inacreditavelmente perto de nós: "nele vivemos e nos movemos". *Ele é desconhecido, não por estar demasiado distante, mas por estar demasiado próximo*. Na verdade, sabemos menos acerca do que está mais perto de nós, do que é mais apropriado para nós, daquilo que consideramos um dado adquirido.

Nenhum de nós viu o seu próprio rosto – apenas vemos a sua imagem num espelho. E só podemos ver Deus num espelho. Nas suas cartas, Paulo afirma, em inúmeras passagens, que durante a nossa vida só vemos Deus parcialmente: "indistintamente, como num espelho", mas, depois da morte, é possível vê-lo.

Paulo quer mostrar aos atenienses o "rosto" do Deus desconhecido, que é demasiado próximo, estando *como que refletido na história de Jesus de Nazaré*, sobretudo no seu paradoxal apogeu: na sua cruz e ressurreição. Contudo, não consegue chegar a esse ponto. Quando Paulo profere as palavras "ressurreição dentre os mortos", alguns dos atenienses começam a troçar, enquanto outros se afastam, desinteressados: tinham compreendido a ressurreição como *qualquer coisa com que estavam naturalmente familiarizados*, quer sob a forma de fábula absurda, quer como imagem frequente na mitologia das nações circundantes, em que os deuses muitas vezes morriam e ressuscitavam da morte; os deuses gregos, porém, têm um privilégio – e muitas vezes apenas um – que não foi concedido aos seres humanos, ocupando por isso um lugar à parte: a imortalidade.

Mais tarde refletirei sobre a forma como o discurso de Paulo sobre o rosto de Deus no espelho da história da Páscoa poderia ter continuado. De momento, detenhamo-nos um pouco mais no "altar a um deus desconhecido". Será o fato de o apóstolo começar o seu discurso referindo-se ao "altar a um deus desconhecido" um simples sinal do seu talento para a oratória ou significará mais alguma coisa?

Estou certo que aquilo que acontece no Areópago é, de certo modo, paradigmático. O "altar a um deus desconhecido" é precisamente o "topos" mais apropriado para proclamar a mensagem cristã. Para Paulo, como judeu e como cristão, o único Deus verdadeiro é o Deus que não pode ser representado, um Deus envolto em mistério. Um deus conhecido não é deus nenhum. Não admira que o mundo antigo – um "mundo cheio de deuses" – considerasse ateus, durante vários séculos, tanto os judeus como os cristãos.

Estou convencido de que, se alguém quiser pregar a Boa-Nova do paradoxal Deus da Bíblia, terá de encontrar o "altar a um deus desconhecido". Falar de Cristo como o altar a deuses familiares seria blasfêmia ou implicaria o risco de mal-entendidos ainda maiores do que naquela ocasião, no Areópago de Atenas.

O mundo está cheio de deuses conhecidos e familiares. Dizia com razão Martinho Lutero que as coisas a que as pessoas atribuem o máximo valor se tornam no seu próprio deus.[5] O próprio Paulo escreveu acerca de "pessoas cobiçosas" como "idólatras" que "não herdarão o reino de Cristo e de Deus".

Ocorre-me se porventura os cristãos, ao longo da história, não terão caído continuamente vítimas da tentação de trocar o Deus paradoxal da história da Páscoa de Cristo por um "deus familiar", em conformidade com as noções e expectativas humanas de cada época específica. Não terá sido a identificação do Deus bíblico com o deus dos antigos filósofos, segundo a descrição de Platão e de Aristóteles – tão fatídica para a história da teologia cristã –, precisamente uma dessas substituições?

E se isso aconteceu, e o nosso pensamento cristão tem de carregar esse legado, grande parte daquilo a que chamamos de secularização, criticismo e enfraquecimento da religião, ateísmo etc., não passará, porventura, da despedida dos deuses familiares e conhecidos e, portanto, de uma grande oportunidade para limpar e abrir um espaço em que possamos ouvir de novo a mensagem de Paulo? Não será a situação em que, para uma grande porcentagem de europeus, Deus é desconhecido e estranho, uma chamada a um "novo Areópago"?

Na minha conferência de então, em vez de uma resposta, apresentei outra história que foi escrita dezoito séculos depois do discurso de Paulo

---

[5] Cf. O Grande Catecismo de Lutero.

no Areópago. Em certos aspectos, é semelhante à cena dos Atos, e, outros, é praticamente o seu oposto.

Como ouvimos, Paulo saiu do Areópago deixando a maior parte da multidão de ouvintes persuadida da sua loucura. Diante de outra multidão, em outra praça, aparece outro louco a falar sobre um deus desconhecido. No capítulo intitulado "O louco" (*Der tolle Mensch*) de *A gaia ciência*, de Friedrich Nietzsche, aparece um homem que procura Deus com uma lanterna, durante o dia, como fizera Diógenes, à procura de um homem, mas, ao contrário de Paulo, *ele surge no meio daqueles que não acreditam em Deus*. Talvez ainda falem de Deus, talvez até continuem a frequentar as suas Igrejas (que o louco rapidamente declara os "mausoléus do deus morto"), mas, na realidade, não têm ligação nenhuma com ele nem sentem a mínima falta dele.

O detalhe seguinte, nesse famoso e celebrado texto, é muitas vezes menosprezado: o louco, que surge como o arauto da morte de Deus, pretende provocar não os crentes, mas os não crentes: Nietzsche utiliza a sua mensagem para colocar em questão o seu ateísmo inabalável.

As pessoas troçam de quem procura Deus, porque há muito tempo que não o procuram. "Estará ele escondido? Terá medo de nós? Terá partido de viagem?", zombam elas do buscador louco, partindo da sua perspectiva das certezas do "ateísmo prático". E não conseguem compreender minimamente a sua mensagem queixosa sobre *por que razão* já não há "Deus nenhum": "Matamo-lo, tanto eu como vós!".

Aqueles para quem Deus pura e simplesmente não existe, não é nem nunca foi, e aqueles para quem – com igual segurança – Deus "existiu" desde o início dos tempos como uma entidade metafísica imutável, devem necessariamente achar a mensagem acerca da *morte de Deus* tão louca e incompreensível como os atenienses acharam a mensagem de Paulo sobre a Ressurreição.

Foi possível recordar aos atenienses que a divindade era a parte mais íntima da sua *Lebenswelt* [vivência], tão próxima e comum que eles nem sequer reparavam nela, tal como nós não reparamos no cheiro da nossa casa, por estarmos sempre dentro dela. Dever-se-ia dizer aos europeus da praça pós-moderna que *eles já não vivem no sacrossanto* – a ausência de Deus (oculto pelo ateísmo ou pela religiosidade convencionais, que não pensam) tornou-se tão axiomática para eles que a sua causa e efeito têm de ser demonstrados de forma dramática. "Todos nós somos os seus assassinos. Mas como é que o matamos? Como poderíamos beber o mar até a gota final? Quem nos deu a esponja para apagar o horizonte inteiro? O que fazíamos nós quando desacorrentamos a terra do seu sol?... Para onde encaminhamos?"

O arauto da morte de Deus, na história de Nietzsche, não tem por objetivo provocar a conversão dos seus ouvintes ao ateísmo, nem talvez transformá-los finalmente em ateus. Eles estão saturados de ateísmo, embora, como é óbvio, não tenham consciência disso, porque Deus não lhes interessa. O louco, o tonto – a única pessoa tradicionalmente autorizada a proclamar verdades desagradáveis –, pretende antes *suscitar neles o sentido da responsabilidade pela razão ignorada ou esquecida do seu ateísmo*. O louco (e Nietzsche, a coberto dele) não procura "propagar" o ateísmo e *provocar a morte de Deus* na mente dos seus ouvintes; pelo contrário, veio para espalhar a notícia de que esse acontecimento já teve lugar e explicar o seu significado; ele quer que os seus ouvintes percebam de que modo esse acontecimento lhes diz fundamentalmente respeito. Eles são as vítimas e os perpetradores conjuntos da morte de Deus.

Tal ato, aparentemente cometido sem darem por isso, casualmente, ou, no mínimo, cuidadosamente repelido para o inconsciente, é "demasiado impressionante" para que os seus perpetradores aceitem e apreendam as suas implicações chocantes, *quer como uma falta* cuja responsabilidade devem assumir, *quer até como uma oportunidade libertadora* que devem aproveitar; eles são, pura e simplesmente, incapazes de compreender a mais ínfima fração da mensagem. O louco é louco porque *chegou demasiado cedo* – assim falou Nietzsche, que se identificava sem dúvida com esta figura, cuja profecia era demasiado avançada para a sua época. Na sua época, "os ouvidos ainda não estavam maduros" para escutar essa mensagem.

Os nossos ouvidos estão cheios da profusão de notícias acerca da morte de Deus, que têm sido repetidas uma e outra vez desde Nietzsche. Mas que sentido lhes atribuímos... E que conclusões tiramos dessa mensagem?

Poucas frases admitem um leque tão vasto de interpretações diferentes e muitas vezes contraditórias. No próprio livro *A gaia ciência*, Nietzsche sugere a sua ambivalência. O discurso do louco pretende sublinhar as trágicas consequências da morte de Deus: estamos a lançar-nos num espaço tenebroso, longe de todos os sóis; perdemos as nossas coordenadas e o próprio horizonte; não sabemos o que está virado para cima e o que está virado para baixo. Já não sabemos, nem podemos saber, o que é bom e o que é mau. As tábuas dos antigos valores foram despedaçadas. Contudo, num capítulo anterior da mesma obra, Nietzsche vê a morte de Deus como uma oportunidade imensa: agora podemos navegar livremente, fazendo-nos ao largo.

O vazio precisa ser preenchido; o trono vazio chama e convida novos candidatos a apropriarem-se do manto do antigo Deus. Nietzsche apresenta-nos um deles: o super-homem. Quer dizer que a morte de Deus também representa a morte do homem, o fim do tipo de humanidade e de gênero humano existentes. Tem de aparecer um novo ser humano: um novo Deus ou um novo "Homem-Deus"?

Nietzsche admira-se muito que nenhum novo deus tenha aparecido ao fim de tanto tempo. A morte de Deus – como outro dos seus textos sugere – só poderia significar que "Deus despiu as suas roupas morais". Talvez ainda voltemos a vê-lo, profetiza Nietzsche... Desta vez, para lá do bem e do mal. Conseguirá Nietzsche ver alguma vez o seu deus "capaz de dançar"?

No período decorrido desde a morte de Nietzsche, precisamente no limiar do século XX, muitos "novos deuses" foram aparecendo e houve inúmeras tentativas de apresentar um "novo homem" ou super-homem. Poder-se-ia até dizer que o século em que o ateísmo e a apatia religiosa – pelo menos em grande parte da Europa – se espalharam como nunca, também foi um período em que "novos deuses" e várias versões de um "novo homem" foram produzidos em massa. Não me parece que Nietzsche tivesse dito a qualquer um deles, rejubilante, segundo as palavras do seu compatriota Goethe, *"Verweile doch, du bist so schőn"* ("Fica um pouco mais, tu és tão belo").

Interrogo-me se – mesmo nesta época de religião florescente e do "regresso de Deus" à grande casa da nossa civilização, que é o tema de tantos debates – não se tratará do regresso dos velhos deuses destruidores ou de imitações baratas da religião. Aquilo que aprecio acerca da nossa época é mais a sua sede do que as beberragens com que ela tantas vezes tenta matá-la, e também as suas interrogações, mais do que as respostas que costumam ser apresentadas. Não serão eles, acima de tudo, os velhos deuses *familiares*, que voltaram a entrar em cena?

Se eu tivesse de interpelar Zaqueu, nos nossos dias, voltaria a procurar com ele o "altar a um deus desconhecido". Tentaria procurá-lo num espaço "purificado" pelo processo da secularização e pelos críticos da religião dos tempos recentes, e não na atual, movimentada e fervilhante praça dos nossos dias. E, diante desse altar, não conseguiria dizer nada além daquilo que Paulo proclamou em Atenas, há tanto tempo, embora talvez com palavras ligeiramente diferentes. Esse deus desconhecido é desconhecido para nós porque não o procuramos nos lugares certos. Procuramo-lo entre os deuses deste mundo, entre lucubrações filosóficas, entre projeções dos nossos próprios desejos e temores, entre "seres sobrenaturais" e os frutos da nossa imaginação. Procuramo-lo entre os antigos deuses "nos bastidores" do mundo, em algum gabinete de gestão celeste dos nossos destinos. Procuramo-lo como os teístas do início dos tempos modernos, em alguma oficina de engenharia destinada à fabricação ou reparação do cosmo. Mas ele não está em nenhum desses lugares. Nós não o conseguimos ver porque ele está demasiado próximo. Ele não é um ser situado muito acima de nós; está nas profundezas da nossa vida, está dentro do nosso ser, "nele vivemos, respiramos, nos movemos e somos". As coisas muito próximas de nós são fáceis de ignorar. Contudo, ele não está "próximo" de nós, ele é a própria proximidade. Nós ainda conseguimos ver os objetos que estão próximos, mas não conseguimos ver a proximidade em si. Vemos os objetos à luz, mas não vemos a própria luz. Se nem sequer conseguimos ver o nosso próprio rosto, mas apenas vemos o seu reflexo invertido num espelho, a partir do que foi apresentado anteriormente, como poderíamos alguma vez ver o rosto de Deus?

Então, aí – como Paulo no Areópago –, eu tentaria demonstrar que só temos acesso ao "rosto de Deus" através de espelhos e de enigmas. Podemos vê-lo no *espelho da Páscoa*, na história de Jesus de Nazaré, nesse grande enigma que ele preparou para todos nós. Teria Zaqueu mais paciência para seguir a história até o fim do que os cidadãos de Atenas no Areópago, naquela época? Eis a questão.

CAPÍTULO 8

O espelho da Páscoa

O homem no caminho para Damasco, que ouviu uma voz vinda do alto chamando-o pelo nome e dizendo: "Saulo, Saulo, por que me persegues?" era, de fato, um estranho apóstolo, não só pela história da sua conversão extraordinária, mas por ser tão diferente dos Doze em termos de inteligência, caráter e educação. Sem as cartas de Paulo, o Novo Testamento pouco teria divergido da literatura apocalíptica de então, em termos de linguagem e das ideias nele contidas.

Contrastando com o grego lastimável dos Evangelhos Sinópticos e do Apocalipse, as cartas de Paulo contêm um tesouro inacreditável de metáforas e de retórica, parte das quais, segundo o poeta Henry Bauchau, se assemelham à pirotecnia esfuziante das peças de Shakespeare. O estilo linguístico é ultrapassado, porém, pelo estilo e pelo temperamento radical do seu pensamento. Sem Paulo, o Cristianismo teria sido apenas, muito provavelmente, uma das inúmeras seitas existentes no Judaísmo. Só com a chegada de Paulo é que ele ultrapassa, pela primeira vez, não só as fronteiras culturais e religiosas de Israel, mas também derruba todas as fronteiras até então sacrossantas da sociedade da época: já não interessava se alguém era judeu ou pagão, homem ou mulher, escravo ou livre. Todas essas barreiras foram relativizadas por aquilo que Paulo considerava um absoluto: a *novidade* da vida em Cristo – a realização da *liberdade* à qual todos somos chamados, para a qual fomos libertados por Cristo e que devemos defender a todo o custo.[1]

---

[1] Cf. Gl 5,1.

É impressionante a forma como a mensagem de Paulo foi tão mal-entendida e o seu sentido e significado tão completamente distorcidos pelo genial pensador que foi Nietzsche. O seu *Anticristo* é um panfleto agressivo e carregado de ódio, um ato de provocação, um desafio claramente lançado – e Nietzsche, embora certamente não tivesse admitido esse fato, esperava que alguém o aceitasse. Não posso deixar de me sentir impressionado pelo autor do *Anticristo*, como se de uma criança traquina se tratasse, cujo comportamento provocadoramente odioso pretendesse ter a garantia de que era amada.

O famoso martelo de Nietzsche – segundo a sua pretensiosamente proclamada "filosofia do martelo" – não pretende ser um instrumento de destruição, mas antes um martelo de mineralogista que investiga o núcleo escondido de uma pedra, ou o martelo de um neurologista, que serve para testar os nossos reflexos. Quando destrói, é apenas para escavar uma nova estrada ou para esculpir um bloco de pedra bruta – a fim de libertar do seu interior a escultura já antecipada, uma nova forma, uma nova qualidade. Mesmo por entre as agressivas tiradas do *Anticristo*, a sua polêmica mais contundente e mais injusta contra o Cristianismo, brota, a determinada altura, o mais assombroso hino de amor a Jesus, dando testemunho da sua inspirada intuição da originalidade de Cristo.

Nietzsche não é capaz nem está disposto a fazer nada de semelhante em relação a Paulo. Para este, só tem palavras virulentas de ódio e de condenação total. Se compararmos o retrato de Paulo feito por Nietzsche, bem como sua interpretação e avaliação dos ensinamentos de Paulo, com os textos de Paulo em si, o abismo que os separa não poderia ser maior. De onde proviria tanta ira? Porventura não se assemelham eles muito um ao outro, sob inúmeros aspectos? Suspeitaria Nietzsche, no seu desejo de abalar o Cristianismo de forma radical, que foi precisamente Paulo o responsável pela enorme transformação e reinterpretação daquilo para que o Cristianismo estava "orientado", nos primórdios da sua história, por aqueles que temiam levar adiante a separação iniciada por Jesus em relação à Lei mosaica? Ou que a histórica vitória de Paulo sobre Pedro e sobre os outros apóstolos, no Concílio de Jerusalém – também devida, certamente, à generosa prontidão de Pedro em procurar a conciliação –, permitiu que a faísca do radicalismo libertador do Cristianismo ateasse o fogo que envolveu e transformou toda a civilização do mundo antigo e, muito rapidamente, ultrapassou as suas fronteiras?

Dietrich von Hildebrand escreveu que "Nietzsche é um pregador radicalmente protestante". Contudo, Paulo é que esteve na origem de quase todas as reformas radicais do Cristianismo, desde Marcião a Martinho Lutero, e até os atuais intérpretes pós-modernos do Cristianismo (incluindo a interpretação da secularização como realização da *quenose*, do autoesvaziamento – ou seja, a interpretação de Paulo do significado da cruz de Cristo, na obra de Gianni Vattimo). Marcião, esse "primeiro protestante" situado no limiar da história do pensamento cristão, baseou-se na contraposição entre a Lei e a graça de Paulo e extrapolou-a para a sua doutrina dos dois deuses: o Deus obscuro (Criador da antiga Lei) e o Pai misericordioso de Jesus (referido nos Evangelhos). Com a sua rejeição do Deus antigo (e a vaga promessa de um regresso de Deus, "despojado da sua pele moral"), não será Nietzsche, em certo sentido, um "protestante radical", de modo particular pela forma como leva essa tentativa de libertação da antiga religião, que começou com Paulo e Marcião, para lá das fronteiras mais remotas que possamos imaginar? Com a sua rejeição do Deus *mau*, não terá sido Marcião o "primeiro Nietzsche" da Igreja e Nietzsche, com a sua mensagem da morte do antigo Deus, "o último Marcião do Cristianismo"?

No seu notável livro sobre Paulo,[2] Alain Badiou afirma que Nietzsche pressente em Paulo mais um rival do que um inimigo. Afinal, ambos querem dar início a uma nova era histórica, ambos estão convencidos de que o homem seu contemporâneo é uma realidade que deve ser ultrapassada, ambos querem pôr termo ao domínio da culpa e da lei, ambos praticam uma "antifilosofia", ambos querem preparar um acontecimento de

---

[2] ALAIN BADIOU, *Saint Paul: The Foundation of Universalism*, trad. Ray Brassier, Stanford, CA: Stanford University Press, 2003.

afirmação de vida e a libertação da vida do domínio do negativismo e da morte. Segundo Badiou, no seu *Anticristo*, Nietzsche caricaturou completamente a doutrina de Paulo e o papel deste, mas uma das suas intuições estava correta: nada da vida de Jesus interessa a Paulo; este só queria saber "da morte na cruz, *e* de pouco mais".[3] Mas esse "pouco mais", esse "pouco" que conquista a morte, foi precisamente o eixo fundamental para Paulo.

Sim, poderíamos concordar que Paulo ignora por completo o ensinamento de Jesus e que praticamente não presta atenção à sua pregação, aos seus milagres ou à sua vida como um todo, tal como é descrita nos Evangelhos – com uma exceção: os acontecimentos da Páscoa. Paulo constrói todo seu Evangelho, toda a sua versão do Cristianismo, apenas com base na Páscoa [de Jesus] – na Eucaristia, na cruz e na ressurreição.

O discurso supramencionado de Paulo, no Areópago de Atenas, também desembocou numa mensagem sobre a Páscoa. A interpretação de Paulo, do Deus "desconhecido", um Deus que, apesar disso, está mais próximo de nós do que poderíamos imaginar – no qual "vivemos, nos movemos e somos" –, é apenas o prelúdio daquilo que ele pretendia dizer acerca da cruz e da Ressurreição. Mas o seu discurso acaba aí, interrompido pela troça e pelo enfado da maior parte dos seus ouvintes. Tentemos avançar por nós, a partir desse preciso momento.

Já mencionei a observação de Moingt de que a helenização do Cristianismo ajudou a introduzir o Evangelho numa grande e influente cultura, mas que acabaria por dar origem a uma certa "rejudaização do Cristianismo", porque a abertura de Paulo a todos, sem olhar as fronteiras, atuou durante muito tempo como um empecilho, unindo-a fatalmente a um único tipo de linguagem e de pensamento. Costumo pensar que a "rejudaização do Cristianismo" ocorreu quando o *sentido romano* da lei e da moralidade prevaleceram sobre certa tendência da patrística grega, o

---

[3] Friedrich Nietzsche, *O Anticristo*, trad. H. L. Mencken, Nova York: Knopf, 1918, p. 42.

platonismo e o neoplatonismo inspirados pela filosofia cristã e pelo misticismo filosófico, cujo florescimento mais belo terá sido provavelmente a "teologia negativa" de Gregório de Nissa e de Dionísio, o *Areopagita*.

O Judaísmo e o Islão (que têm muitas semelhanças entre si) são, essencialmente, *sistemas legais*, baseados na lógica da relação contratual.[4] Jesus – e Paulo de forma ainda mais radical – suscitou uma renovação e transformação assombrosas: a tentativa de *substituir* a relação "débito-crédito" por uma *dialética de graça e de fé*, de substituir a religião das regras pela religião do amor.

Mediante uma série de alianças no Antigo Testamento – acima de tudo a aliança do Sinai –, Deus liga Israel *a si próprio*. Trata-se, sem dúvida, de um passo inacreditável, pelo qual Deus se transforma de "imprevisível demônio do deserto" do Oriente antigo, ou de "governante absoluto", em "monarca constitucional" (para utilizar a linguagem psicanalítica de Freud e de Fromm) – e a relação religiosa torna-se lógica e transparente, como qualquer bom código legal. O Cristianismo, porém, dá um passo ainda mais radical (que apenas se vislumbra em certos temas da Bíblia hebraica e do Judaísmo posterior, de modo particular do misticismo judeu). Jesus estabelece uma *nova aliança* que já não se baseia na lei, mas no amor. *Amai-vos uns aos outros como eu vos amei* – é esse o único "mandamento" de Jesus, completamente diferente do sistema de mandamentos e proibições que separam os "puros" dos "impuros". Jesus – e Paulo, em seguida, de forma ainda mais radical – inverte todo o sistema, deslegalizando a religião na sua totalidade. Isso foi corretamente entendido pelos adversários de Jesus (no seio dos fariseus) e pelos adversários de Paulo (entre os apóstolos e discípulos "judaizantes").

No entanto, o amor de Deus é "pouco transparente" e "irracional" porque transcende a lógica da lei. É uma "loucura", não podendo ser entendido

---

[4] Como é óbvio, não é minha intenção negar as dimensões mística e filosófica das tradições judaicas e islâmicas, mas não consigo encontrar nenhum pensador radicalmente antilegalista, como Paulo, no coração dessas tradições.

pela "razão", mas *apenas pelo amor de retribuição*. Não pode ser confinado a um sistema de regras bem delineadas. Só pode ser expresso – através do único mandamento que Jesus deu aos seus apóstolos, durante a Última Ceia. A razão (e, especificamente, a razão do legalismo religioso) não é "compatível com Deus". Só o amor, que também é *carisma*, dom da graça, é compatível com o Amor. *A razão legal considera-o uma "loucura".*

Sim, as pessoas têm um desejo constante de compreender Deus, de apreendê-lo, de revelar o seu mistério, e sentem, com razão, que só o conseguirão se, em certo sentido, chegarem a ser *como Deus*. No entanto, existem *dois caminhos radicalmente diferentes para se chegar a ser como Deus: o "caminho de aprender a conhecer Deus"* (no sentido de retirar o véu do seu mistério e de alcançar a certeza do conhecimento, podendo assim decidir por si próprio o que é bom e o que é mau) ou o *"caminho de ser como Deus"*, imitando, pelas suas ações, a louca lógica do amor, que está cheia de paradoxos. O primeiro foi o que Satanás propôs a Adão, no Jardim do Éden (sereis como deuses, sabendo o que é bom e o que é mau), o segundo é proposto por Jesus (sede como o meu Pai que está nos céus, que faz nascer o sol e cair a chuva sobre os justos e os injustos). Esse segundo caminho – o caminho dos "loucos" –, como praticamente só poderia desembocar na cruz, é bem entendido por Paulo, que o radicaliza: sejamos loucos em Cristo; a louca causa de Deus é mais forte do que as pessoas...

Até na própria Igreja se continua a tentar compreender Deus, confinando aquilo que se conhece dele a definições dogmáticas e apertando a nossa relação com ele dentro do colete de forças de um sistema legal. Em vez das histórias dramáticas da Escritura, que constituem um desafio contínuo a uma reflexão e inspiração renovadas em termos de atos originais de amor louco (como os de Francisco de Assis), aquilo que é proposto – sob a forma de catecismos e de manuais dogmáticos logicamente elaborados – é um horário bem organizado, que devemos observar de forma disciplinada e, sobretudo, *invariável*, a fim de evitar colisões. Em contraposição com isto estão os teólogos, místicos e santos, demonstrando que Deus é mistério indefinível e que seguir Cristo e cumprir a vontade de Deus, manifesta em Cristo, não é uma questão de observar um sistema de mandamentos e proibições, mas da loucura do amor. E, como é óbvio, eles "colidem", como Jesus com os defensores da Lei e como Paulo colidiu com a geração fundadora dos conservadores e fariseus cristãos.

Em suma, a lógica de Deus é diferente da lógica humana, e as pessoas têm de experimentá-la como paradoxo – e os paradoxos abundam nas parábolas de Jesus e na teologia da cruz, da fé e da graça de Paulo: os primeiros serão últimos e os últimos primeiros; quem perde a sua vida, irá encontrá-la; a quem tem, mais lhe será dado, e a quem não tem, mesmo aquilo que tem lhe será tirado; é mais abençoado quem dá do que quem recebe; bem-aventurados os pobres – ai dos ricos; bem-aventurados os que choram; ai dos que rides agora; bem-aventurados os que são perseguidos... São estes os dois mistérios que ocupam o coração da teologia cristã, a Encarnação e a Redenção; o Deus na manjedoura e o Deus no cadafalso são os primeiros e principais desses paradoxos. Isso foi bem entendido por pessoas tais como Pascal, Lutero, Kierkegaard e Bonhoeffer.

Contudo, também houve muitos que acharam a porta escancarada do amor e do espírito que a perpassavam de maneira arriscada e que começaram a fechá-la lentamente através do pensamento legalista. Até o brilhante Anselmo de Cantuária, que descobriu a genial "prova ontológica da existência de Deus" (que, ao contrário de todas as outras "provas", ainda merece ser objeto de reflexão e de interpretação), apresentou a perversa – e, vários séculos mais tarde, ainda muito influente – "soteriologia da satisfação", que vê a morte de Cristo como puro pagamento no mais estranho dos contratos comerciais entre o demônio, Deus e o homem, como "compensação", saldando dívidas e aplacando a ira de um governante ofendido.

Paulo, Paulo, qual o motivo de nós, os cristãos, continuarmos a perseguir-te e ao espírito de liberdade de Cristo em ti?

Há uns anos, Bento XVI fez uma brilhante conferência na Universidade de Regensburg que se tornou imediatamente famosa, resultado da resposta furiosa de grande parte do mundo muçulmano, suscitada pela transmissão tipicamente sensacionalista do texto pelos meios de comunicação. Tenho tentado entender por que razão, nessa conferência, Bento XVI se baseou tão fortemente na tradição dos místicos e dos teólogos que falam de um Deus incompreensível: uma tradição muito próxima e muito grata para mim, sob muitos aspectos.

Diante do irracionalismo, do relativismo pós-modernista e do fundamentalismo religioso dos últimos tempos, da "cínica razão" dos pragmáticos e da estreita racionalidade dos positivistas e dos proponentes do cientificismo, Bento apela a uma *nova aliança* entre a fé e o racionalismo, a religião e a ciência. Ele admira a união patrística e escolástica do Logos divino – liricamente apresentada no prólogo do Evangelho de João – e o *logos* da filosofia helenística. Além disso, apoia a ideia, avançada pelo imperador Miguel contra o Islão, de que Deus também se vincula mediante normas éticas.

Na sua conferência de Regensburg, Bento XVI apresentou ainda outro argumento de importância fundamental: um Deus incompreensível pode ser perigoso – um "Deus racional" (ao contrário de um Deus oculto, misterioso e imprevisível) é um Deus que permite a tolerância e o diálogo. Os que professam um Deus envolto nas trevas do mistério poderiam dar origem a temores que apenas conseguiriam desencadear violência irracional em nome desse mesmo Deus. Tenho pensado muito nesse argumento, que parece lógico e consistente, quando proferido por um homem que sente uma responsabilidade pastoral global, nesta era de "terror em nome de Deus".

Daí derivam, naturalmente, várias interrogações contrárias. Aqueles que vinculam Deus à racionalidade deste mundo não apresentam, porventura, muitas e sofisticadas justificativas de violência? Porventura a teoria racional, logicamente formulada, da guerra justa, não legitimou muitos atos sinistros e mortíferos? Não será porventura necessário que a *nova* aliança entre a razão e a fé, a que Bento XVI apela – sem dúvida com razão e no momento oportuno –, seja verdadeiramente *nova* e não apenas uma versão artisticamente restaurada da antiga, que hoje se verifica ter decididamente fracassado? Não será de igual modo necessário repensar a relação entre fé e razão, e ainda o próprio conceito de racionalidade e o conceito de fé?

Claro que o Deus dos paradoxos, que Jesus e Paulo apresentaram como alternativa ao Deus da Lei e à sua racionalidade, não é um arbitrário demônio do deserto, em nome do qual se poderia travar uma guerra santa. A sua "irracionalidade" reside apenas no grau de amor "louco" (imerecido) e de graça abundante que ultrapassa e derruba os nossos cálculos racionais – de tal modo que, com o nosso sentido de justiça segundo a Lei, nos encontramos muitas vezes na posição do ofendido, ferido e confuso irmão mais velho da parábola do "Filho Pródigo", ou do trabalhador que suportou a dureza e o calor do dia e que objetou "justamente" contra o fato de os trabalhadores das últimas horas do dia terem recebido o mesmo digno pagamento.

"Os meus caminhos não são como os vossos... Tanto quanto os céus estão acima da terra, assim os meus caminhos estão acima dos vossos, e os meus pensamentos estão acima dos vossos pensamentos", lemos na Escritura.[5] A razão pela qual Deus ultrapassa o nosso pensamento legalista e os nossos cálculos de justiça, segundo o modelo de "crédito-débito", é a magnanimidade do seu amor infinito, mais eloquentemente demonstrada no paradoxo da história da Páscoa.

Já sugeri que Deus é *desconhecido pelo fato de ser tão próximo*. Como já temos refletido, geralmente não nos apercebemos do ar que respiramos. Também não vemos a luz em si, só as coisas iluminadas por ela. Nem sequer vemos o nosso próprio rosto, apenas o seu reflexo no espelho. De

---

[5] Cf. Is 55,8-9.

igual modo, só podemos ver o rosto de Deus num espelho... E esse espelho, segundo Paulo, é Jesus, ou antes, é a sua história da Páscoa. Paulo não conhece nada a não ser *Jesus crucificado*.[6] Como referimos atrás, Paulo "não conhece" Jesus na manjedoura, no deserto ou no monte Tabor (ou, pelo menos, nunca se lhe refere assim), e, ainda menos, Jesus pregando, realizando curas, transformando a água em vinho (em Caná), multiplicando os pães (perto de Cafarnaum), rezando no Monte das Oliveiras ou caminhando sobre a água.

A paisagem do pensamento de Paulo é dominada pela cruz, a ponto de a própria mensagem da Ressurreição, que certamente identificaríamos como o núcleo da mensagem da Páscoa, parecer por vezes "encoberta *pela cruz*". A cruz e a Ressurreição estão, sem dúvida, indissoluvelmente ligadas no Evangelho cristão. Contudo, a sua relação nem sempre é simétrica. Enquanto, "sem a cruz" (e sem tudo o que a cruz significa, incluindo o abandono de Jesus pelo Pai), a notícia da Ressurreição, em certo sentido, seria realmente *perigosa*; a cruz, até certo ponto, constitui uma vitória que, depois, é proclamada na "manhã depois do sábado", pelo sepulcro vazio e por aquilo que ouvimos dizer sobre o anjo sentado sobre a pedra deslocada. O que seria "perigoso" – se a notícia da Ressurreição fosse *desligada* da história da Páscoa – foi explicado sucintamente por J. B. Metz: se o grito do crucificado não for ouvido na nossa pregação acerca da Ressurreição, a nossa mensagem passa a ser a mitologia da vitória, e não o núcleo da teologia cristã. (A meu ver, entender a representação espetacular, de tipo Hollywood, da Paixão, no filme de Mel Gibson, *A Paixão de Cristo*, ilustrou claramente essa "mitologia da vitória", essencialmente não cristã.)[7]

Paulo está apaixonadamente interessado em que "a cruz de Cristo não seja esvaziada do seu significado" (1Cor 1,17). Também nós devíamos estar interessados em que essa mensagem não fosse esvaziada de sentido e

---

[6] Cf. 1Cor 2,2.
[7] Já nos debruçamos sobre isso em Tomáš Halík, *Confessor's Night*, Nova York, Doubleday Religion, 2010.

diluída em qualquer outra coisa... Nem que fosse numa compreensão superficial da Ressurreição. Quando esbocei algumas ideias aqui apresentadas, em outro dos meus livros, um analista de determinada revista lefebvriana atreveu-se a comentar que eu não acredito na Ressurreição (com o encantador comentário adicional de que "ele já nem sequer é herético, porque também já não é cristão"). Como estão enganados! A minha preocupação é evitar que a verdade profunda da Ressurreição seja abafada, impedir que ela seja "esvaziada de sentido" e diminuída, se a situarmos entre os *bruta facta* – os acontecimentos cotidianos do nosso mundo. Não se trata de um acontecimento cotidiano nem de um "milagre" do tipo daqueles sobre os quais podemos ler no Evangelho, quer se trate da mudança da água em vinho em Caná ou da ressurreição de Lázaro. É algo muitíssimo maior e mais importante, absolutamente incomparável seja ao que for.

É por isso que a mensagem da Ressurreição exige de nós *muito mais do que o nosso assentimento intelectual*, pois, quando é forçado a olhar para o abismo desse mistério, o nosso intelecto sente naturalmente vertigens. Exige de nós um envolvimento ainda mais profundo, algo muito mais fundamental – *a nossa aceitação existencial desse acontecimento* –, com essa grande verdade de fé. *Acreditar na Ressurreição de Cristo* significa outra coisa, muito mais do que a simples aceitação de determinada teoria ou do que assumir como verdade que *isso aconteceu realmente*. A nossa fé na Ressurreição é confirmada pelo nosso *envolvimento nesse acontecimento, pela nossa ressurreição conjunta*.

Segundo Paulo, nós já fomos ressuscitados com Cristo (Cl 3,1) e, como Cristo ressuscitou dos mortos, também nós vivemos agora uma vida nova![8]

Quando, na Sexta-feira Santa, leio a Paixão segundo João, que termina com o sepulcro selado, ou quando percorro as estações da via-sacra, que culminam com esse mesmo acontecimento – a colocação de Jesus no sepulcro –, aquilo que sempre me ocorre é que o sepulcro somos nós. *A Ressurreição deve ter lugar dentro de nós*.

---

[8] Cf. Rm 6,4.

O fato de o símbolo central do Cristianismo ser a cruz, e não uma representação da Ressurreição, não se deve a que a representação da Ressurreição e de Jesus ressuscitado seja mais complicada em termos artísticos. As cruzes, nas paredes das nossas igrejas e das nossas casas, desafiam-nos a narrar por toda a parte a continuação da história *pela forma como vivemos*. A última estação da via-sacra é a representação do sepultamento, mas a caminhada contemplativa deve prosseguir ao longo do caminho da nossa vida. Dizem-nos: tu foste escolhido como "testemunha da Ressurreição"; cabe-te agora a ti dar testemunho da forma como Jesus está presente neste mundo e como está vivo no nosso tempo!

Insisto que a fé na Ressurreição e a disponibilidade dos cristãos para darem testemunho da presença e da vitalidade de Cristo recebem a sua força *do acontecimento* da Ressurreição, e não simplesmente do poder inspirador de alguma imagem mitológica. Creio que a presença do Ressuscitado no nosso mundo é fundamentalmente *mais real* do que a presença das *ideias sempre vivas* de uma pessoa ou outra da galeria dos "grandes que já partiram".

Atreveria afirmar até que a realidade da Ressurreição me obriga a rever a minha compreensão da realidade, até aqui demasiado limitada, e atravessa o horizonte do mundo da minha experiência, penetrando nas profundezas do mistério insondável. E não só a minha *compreensão da realidade*, mas da própria realidade da minha vida, e a minha própria vida adquire assim uma nova profundidade e um novo significado – e esse significado já está presente na minha vida –, embora ainda não a tenha transformado de fato – pelo menos como um apelo, como *um convite dirigido às profundezas*, que eu não posso aceitar nem rejeitar.

Creio, com Paulo, que, se Cristo não ressuscitou dos mortos, a nossa fé é vã (1Cor 15,17), mas igualmente vã, sem sentido e vazia seria a nossa fé na Ressurreição, se não passasse de uma opinião ou de uma convicção e não tivesse qualquer influência sobre as nossas vidas, se também nós não tivéssemos sido ressuscitados para uma vida nova. Se, segundo Paulo, a nossa fé na ressurreição de Jesus é a condição da nossa salvação, então essa fé deve ser, obviamente, *muito mais* que a nossa convicção de que *ela realmente aconteceu*; afinal, nós não seremos salvos pelas nossas opiniões e suposições, pelas teorias com as quais concordamos e pelos conhecimentos que guardamos na nossa cabeça.

A *causa* da nossa redenção foi o sacrifício de Cristo na cruz, e nós aceitamos (abraçamos) esse dom da graça indevido pela fé. Essa fé, porém, significa deixar que esse acontecimento entre na nossa vida inteira como um poder transformador; não basta incluí-la apenas entre os nossos conhecimentos sobre acontecimentos famosos do passado remoto.

Ter fé na Ressurreição significa aceitar essa "força que se manifestou na debilidade", a força do sacrifício de Cristo, o seu *amor* sacrificial como uma realidade viva. Não acreditar na Ressurreição de Cristo é viver como se a cruz fosse o fim último, como se a vida de Cristo e o seu sacrifício fossem um fiasco total, uma derrota absurda e sem sentido, algo que já não pode inspirar ninguém. Viver assim significaria "esvaziar a cruz de Cristo de sentido", não aceitar a graça oferecida, "não acreditar na Ressurreição", e fecharmo-nos à salvação. Significaria "permanecer no sepulcro" – e agora, na vida presente, não entrar na novidade e na plenitude de vida que Cristo abriu com a sua vitória sobre a morte –, e provavelmente perder a esperança de que nada me poderá excluir dessa nova vida ("eterna") a não ser o meu pecado, a não ser a minha livre recusa. A sua consequência mais tenebrosa seria perder a esperança de que nem sequer a morte do meu corpo poderá destruir essa "novidade".

Até mesmo aqueles que "não receberam Cristo, sem ser por culpa deles" – quer por terem vivido antes dele, quer porque a notícia do Evangelho nunca chegou a seus ouvidos *ou porque a mensagem lhes chegou de uma forma inaceitável, na sua boa consciência ou à luz do seu entendimento* –, podem ser salvos, como a Igreja Católica ensina atualmente, se tiverem vivido segundo a sua consciência e capacidade de entendimento. Essas pessoas participam no acontecimento da Encarnação – no "mistério do

Natal" – em virtude da sua própria humanidade, desde que o aceitem como um "dom e uma missão" e que se esforcem por cumprir essa missão de forma consciente e fiel. E participam claramente no mistério da Páscoa, na medida em que nutrem, nas suas vidas, o mesmo amor sacrifical que conduziu diretamente à cruz, na medida em que tentam ultrapassar o próprio egoísmo e em que não aceitam como definitivos os revezes que esse amor sofre ao longo das suas vidas.

A vitória de Cristo sobre a morte é, verdadeiramente, um acontecimento de um cariz especial e não "apenas mais um acontecimento". Aquilo que o distingue dos outros fatos históricos é o fato de ser "visível" apenas com os *olhos da fé* – e porque, no aqui e no agora, a própria fé *só* vê todas as coisas de Deus *de modo parcial e como que num espelho*, deve ser sustentada nas trevas da nossa vida pela *paciência* e pela perseverança da esperança.

A Ressurreição de Cristo deve continuar a ser provocatória, *loucura* aos olhos da "sabedoria do mundo". Deve continuar a ser um "escândalo" para aqueles que não partilham a mesma fé, ou ainda para "o não crente que há em nós", como escreve Paulo.[9] Se tentássemos "provar" esse mistério central da nossa fé (mediante a teologia racional, por exemplo), transformando-o em algo aceitável, de forma fácil e indolor, aos olhos de todos, até dos "sábios e prudentes" deste mundo, estaríamos *esvaziando-o*.

Nenhuma experiência, razão ou sentidos humanos poderiam fazer rolar sozinhos a pedra que oculta o mistério da Ressurreição; só a fé, sustentada pela esperança e pelo amor, pode ouvir a mensagem da Ressurreição. Esse acontecimento está oculto, permanece invisível. No hino *Exultet*, cantamos que só a noite conheceu a hora em que ele teve lugar, mas, no meio da história, ele deve estar presente mediante o testemunho daqueles que dão a conhecer que Cristo não é um capítulo acabado.

---

[9] Cf. 1 Cor 1,18-25.

Já falei muito do ocultamento, do silêncio e do afastamento de Deus. Devo acrescentar que Deus não se revela a si próprio, como é óbvio. E o núcleo da nossa fé é que sua expressão mais plena, a sua Palavra, que ele nos deu e que nunca nos arrebatará, a Palavra pela qual ele nos fala e que partilha conosco, é a humanidade de Jesus.

Jesus é o melhor símbolo real, além de sinal visível da presença de Deus para nós e no meio de nós. *Ele é a janela através da qual vemos Deus em ação.* Ele é o rosto do invisível e o nome do inominável. A sua vida na terra foi o sol a espreitar por entre as nuvens impenetráveis. No entanto, para a nossa fé e para nossa salvação, esse acontecimento constitui um ato suficiente da proximidade de Deus.

No entanto, a dialética do ocultamento e da revelação de Deus também se aplica aqui. Aqui na terra, Jesus foi, para aqueles que o rodeavam, um fenômeno polivalente, e os laços e os clãs familiares sofreram divisões consoante a forma como ele foi recebido e entendido. Nem em Jesus, Deus libertou-se do seu caráter incógnito, como observou Kierkegaard. E mal a sua identidade começou a tornar-se clara para os seus discípulos mais próximos e mais dedicados, os doze apóstolos, Deus começou a sacudir logo as suas certezas, como um barco de pesca agitado pelo vento: Deus ocultou o seu rosto "na escuridão do meio-dia", nas sombras tenebrosas de Sexta-feira Santa.

E o que sucedeu a seguir? Aquilo que ficou para os apóstolos, "deste lado da história", em termos de coisas tangíveis, visíveis e verificáveis, foi o *sepulcro vazio* – e uma vasta gama de interpretações possíveis abertas tanto para os crentes como para os não crentes.[10] E depois a realidade das suas vidas começa a ser penetrada por coisas que também se podem "tocar": sinais, vestígios do crucificado. No entanto, a forma curativa pela qual essas "coisas" (como o pão da ceia de Emaús e as feridas de Cristo, reveladas a Tomé) podem ser tocadas é a fé.

---

[10] Cf. Mt 28,12-15.

Também nós temos o pão de Cristo e o vinho do seu sangue "disponíveis", sobre os nossos altares. Também nós podemos tocar as suas feridas nas cicatrizes ainda por sarar do corpo e da alma dos nossos vizinhos que sofrem. E, embora esses significativos quarenta dias depois da crucifixão sejam selados pelo acontecimento da Ascensão, os grandes dons da Páscoa, aqueles vestígios do crucificado, permanecem no meio de nós, aqui na terra. Porventura, no momento da Ascensão, os anjos não disseram aos discípulos de Cristo (e por isso também a nós) para deixarmos de olhar para "o céu", olhando antes para a terra? "Homens da Galileia, porque estais assim a olhar para o céu?" Esta censura dos anjos também é dirigida a nós, se ignoramos a presença cotidiana de Cristo no nosso mundo (uma presença oculta no dia a dia).

É sempre necessário descer do monte da Ascensão, bem como da luz ofuscante do monte Tabor, para o vale, por vezes, até o "vale de trevas" e, até mesmo, a escuridão do Getsêmani. O esplendor e as sombras alternam-se na vida de cada verdadeiro discípulo de Cristo, tal como acontece na história da Igreja... E como acontecia na vida de Cristo na terra. Mas como nós devemos olhar, a partir dessa luz tão tênue, para o acontecimento da Ressurreição, que, segundo nos dizem, constitui a pedra angular da fé cristã?

O mistério da Ressurreição de Cristo não nos confronta como um problema de investigação policial que poderíamos resolver verificando uma dentre várias hipóteses. Tampouco é um fato da natureza ou da história que possamos descobrir, descrever e explicar, utilizando métodos científicos (e eu sou incapaz de confiar nessas teologias que pretendem fazê-lo... transferindo as suas esperanças para tradicionais conceitos dogmáticos ou para a "desmitologização" de qualquer tipo). Confronta-nos mais como uma espécie de *koan*, como um enigma que desafia os poderes da razão e que apenas mostra o seu significado no clarão instantâneo de uma fagulha que salta, espontânea e imprevisível, entre Deus e nós – do lado de Deus, a fagulha chama-se graça e, do nosso, chama-se fé.

A Ressurreição – segundo a perspectiva de Deus – é uma ação completa e perfeita, pela qual o Pai libertou o Filho dos laços da morte. Visto (imperfeitamente, como não podia deixar de ser) segundo a perspectiva da história da Igreja e do mundo, porém, esse acontecimento continua a ser uma "revolução inacabada" – é como um rio subterrâneo, que vai abrindo caminho através do duro solo da nossa falta de fé, do nosso pecado e tacanhez de espírito, manifestando-se fugazmente apenas aqui e ali por entre os incidentes das nossas vidas. Quando Maria Madalena ouviu o seu nome proferido por alguém que ela confundira com o jardineiro; quando Paulo, na estrada de Damasco, ouviu a pergunta, "Saulo, Saulo, por que me persegues?", e quando Santo Agostinho ouviu, no jardim, o cântico "Tole, lege!", não se tratou apenas de simples acontecimentos pós-Ressurreição; o poder e a realidade da Ressurreição estavam dentro desses acontecimentos. A Ressurreição também aconteceu aí, de tal modo que essas pessoas puderam experimentá-la como um acontecimento vivo e inacabado. Também "nós estaremos unidos a ele pela sua ressurreição" (Rm 6,5).

E porventura não foram muitos dos atos de Jesus, aqui na terra – as bodas de Caná, o chamamento de Zaqueu ou a ressurreição de Lázaro –, uma espécie de "antecipação da Ressurreição"? As ações de Deus abarcam todas as dimensões do tempo humano e, embora tenham ocorrido única e irrevogavelmente num momento histórico particular, o caminho para elas é sempre aberto pelos seus "protótipos", e elas dissipam-se e regressam no presente como anamnese, "recordação" – porventura não só nos atos litúrgicos, mas também nos testemunhos dos santos (incluindo daqueles que não foram canonizados). Elas constituem o passado, na medida em que são as *intenções* de recordação, mas o próprio "ato" de recordar torna-as presentes, estamos presentes, no presente, e o acontecimento passado "apanha-nos" e, agora, prossegue no nosso tempo (é contemporâneo). E embora esses grandes atos de Deus "atuem na história", sobretudo secretamente ou "incógnitos" – para utilizar a expressão preferida de Kierkegaard –, eles também estão preparando o momento em que serão revelados a todos nós, na manifestação total do seu significado – "no fim dos tempos".

Muitos teólogos distintos defendem a teoria da *creatio continua*, criação contínua; não poderíamos falar, de modo semelhante, de uma *ressurectio continua*, Ressurreição contínua?

Agostinho escreveu algures que rezar significa fechar os olhos e perceber que Deus está criando o mundo *agora*. Eu acrescentaria: acreditar significa abrir o coração e perceber que *agora, neste preciso momento*, a pedra selada foi rolada para o lado e os raios da manhã de Páscoa triunfaram sobre o sepulcro frio e sombrio.

CAPÍTULO 9

Tempo para juntar pedras

O tempo da vida humana não é um tempo de coisas, não é apenas *chronos* – o tempo que flui numa única direção, como a água de um rio, o tempo dos relógios e dos calendários. Também é *kairós*: o tempo da oportunidade, um tempo que está maduro, *um tempo para alguma coisa*. "Para tudo há um momento e um tempo para cada coisa que se deseja debaixo do céu", lemos no livro do Eclesiastes. "Tempo para nascer e tempo para morrer, tempo para plantar e tempo para arrancar o que se plantou, tempo para matar e tempo para curar, tempo para destruir e tempo para edificar, tempo para chorar e tempo para rir, tempo para se lamentar e tempo para dançar, tempo para atirar pedras e tempo para as reunir".[1]

Que tipo de tempo é este, em que os Zaqueus atuais esperam ser interpelados? Para que serve o tempo de hoje? Que podemos aprender com os sinais dos tempos que Jesus, tal como os profetas, convidou os seus ouvintes a ler? É um tempo para *reunir pedras*, para fazê-las desaparecer. Já se lançaram pedras suficientes. *É tempo de nos aproximarmos.*

"A tecnologia ultrapassou todas as distâncias, mas não criou proximidade alguma", escreveu Martin Heidegger. Lembro-me desta frase quando mudo de avião nos aeroportos internacionais, que, tal como os quartos de hotel de diversos países e continentes, começam a assemelhar-se uns aos outros, como as ervilhas dentro de uma vagem.

---

[1] Cf. Ecl 3,1.2-5.

Depois da queda do regime comunista, durante o qual, ao longo de vinte anos, eu não era autorizado a viajar para longe das fronteiras do meu país, ou antes, para fora do recinto do "acampamento socialista", as novas portas da oportunidade foram subitamente escancaradas para mim. O mundo das distâncias invadiu subitamente a minha vida e, embora eu tivesse acabado de chegar aos quarenta anos, estava tão fascinado com os seus perfumes, cores e melodias, que tinha a impressão de ser transportado para trás, através dos meus "anos perdidos", e de ter recuperado a juventude. Bebia com entusiasmo febril dessa fonte borbulhante das novas oportunidades.

Ao fim de várias conferências em diversos países europeus, os convites para fazer discursos, conferências e seminários em universidades e congressos, em várias partes do mundo, começaram a empilhar-se sobre a minha escrivaninha e na minha caixa de correio eletrônico (foi no período em que descobri o mundo dos computadores pela primeira vez).

Durante esses primeiros anos, aceitei-os de forma quase indiscriminada. As visitas a vários países europeus foram seguidas pela minha primeira viagem aos Estados Unidos, onde percorri vários Estados, falando em uma dúzia de universidades e faculdades (depois disso, regressaria repetidas vezes à América). Fiz conferências no Chile, na Argentina, na Índia, no Canadá e na República Chinesa de Taiwan. Conferências, viagens de estudo e reuniões no âmbito de diálogo inter-religioso, e, depois, a colaboração em um programa televisivo de várias séries, sobre as cinco religiões mais difundidas do mundo, levaram-me a Israel e ao Egito, Marrocos, Japão, Nepal, Tailândia, Birmânia, Austrália e muitos outros lugares. E quando, ao fim dessa torrente de palavras em várias partes do mundo, senti uma necessidade urgente de silêncio, procurei a quietude nos desertos tórridos do Egito e nos frígidos bancos de gelo na Antártica.[2]

---

[2] Descrevi as minhas experiências dessas viagens por seis continentes – incluindo a minha participação numa expedição ao Antártico, uma experiência de sobrevivência em condições de extrema pressão psicológica e física – no meu livro *Co je bez chvění, není pevné* [Não há firmeza sem tremor], Praga, Lidové noviny, 2002.

No fim do século XX e nos primeiros anos do novo milênio, passei uma quantidade de tempo inacreditável a bordo de aviões. Recebi gins tônicos das mãos de comissárias de bordo de pele branca, preta e amarela, e, durante esses voos, devo ter lido mais livros do que lera antes dos meus últimos exames universitários. A globalização, o processo de crescermos juntos e as suas consequências no campo da religião foram muitas vezes abordados nas minhas conferências, e senti literalmente os efeitos dos mesmos no meu próprio corpo – que se ia sentindo, compreensivelmente, cada vez mais cansado. O mundo começou a parecer-nos pequeno, embora ainda menos transparente. Deixaram de existir destinos distantes. Mas Heidegger tem razão: ultrapassar distâncias não significa, necessariamente, encontrar a proximidade.

Criar proximidade: eis uma missão espiritual que não podemos delegar em qualquer instrumento técnico da nossa expansão, do nosso domínio do mundo. Como é que se cria proximidade? Esta pergunta é apenas uma variante daquela que os fariseus fizeram a Jesus: quem é o meu próximo? A resposta é a mesma: torna-te próximo!

O tempo para criar proximidade é "o tempo para juntar pedras". Todo o nosso mundo está crivado de pedras pesadas, pontiagudas e perigosas, porque solicitam – uma e outra vez – que as utilizemos para apedrejar outros. Antigas querelas, desentendimentos que nunca foram resolvidos, frustrações, desilusões mútuas, ofensas não perdoadas, tudo isso pode tornar-nos duros como pedra.

Tudo pode ser transformado em penedos de preconceitos e de animosidade, bloqueando caminhos entre pessoas, nações, culturas e religiões. Ponhamos finalmente termo ao tempo assassino de "atirar pedras", removamos essas pedras da paisagem do nosso "mundo cada vez mais pequeno"! Aquele que traz a salvação não pode chegar aos muitos Zaqueus de hoje que o esperam, enquanto esses pedregulhos continuarem a barrar-lhe o caminho. Trata-se de uma tarefa muito urgente.

Foi precisamente nessa estrada entre Jerusalém e Jericó, na região fronteiriça entre o território israelita e palestino – na Terra Santa –, em um lugar de estradas, barricadas, cheio de armas ameaçadoras, que me ocorreu a seguinte dúvida: poderia Jesus entrar hoje nesses lugares, onde se deu a sua conversa com Zaqueu, há dois mil anos? Não é a folhagem que dificulta a visão dos Zaqueus de hoje, mas uma muralha de armas, injustiças e ódio.

Hoje em dia, é difícil não tomar consciência desse ambiente em Jericó, à semelhança do que senti, em tempos, em Hebron, junto aos túmulos dos patriarcas, manchados há vários anos pelo sangue de muçulmanos em oração, abatidos pela arma de um fanático judeu.

Quantas vítimas terão sido, desde então, reivindicadas pela violência de extremistas do outro lado e pelo conflito entre os próprios palestinos? Será possível vislumbrar, através dessa muralha de ódio, "os pés daquele que anuncia a Boa-Nova"?[3]

Não nos diz o convite de Jesus, as suas palavras, que ele quer estar perto de nós e entrar na nossa casa – não só na Terra Santa, não só em Jericó, mas em muitos lugares do nosso planeta, que está tão densamente interligado –, abafada pela vozearia que foi apagando gradualmente a palavra "paz" do seu vocabulário? E, quando chegam a falar de paz, não fazem nada, ou não fazem o suficiente, para oferecer uma alternativa verdadeiramente radical ao "espírito de vingança" e violência do nosso mundo. Onde estão os *pacificadores* que Jesus nomeia nas suas oito bem-aventuranças?

Naturalmente, Jesus também diz: "Eu não vim trazer a paz, mas a espada" (Mt 10,34). Contudo, teríamos de ser extremamente cegos de coração, e estar decididos a não entender, para deturpar o sentido desta frase

---

[3] Cf. Is 52,7.

como uma "palavra mortífera" que justifica a violência. Jesus não fala aqui de uma espada que ele ou seus seguidores deveriam usar – ou têm o direito de usar – contra os seus inimigos, mas de uma espada que *atingiria a ele e aos seus discípulos*.[4] Afinal, Cristo surge como um "sinal de contradição" – e logo depois de ter pronunciado essa profecia sobre o Menino Jesus, o velho Simeão também disse à mãe da criança: "e uma espada traspassará tua alma" (Lc 2,35). "Mete a tua espada na bainha", diz Jesus a Pedro, quando o apóstolo se prepara para defendê-lo.[5] E, antes da sua morte, quando profetiza um tempo de combate à espada, os apóstolos replicam que têm ali duas espadas. A resposta de Jesus, "Basta!" (ou seja, é mais do que suficiente), é uma prova de que a sua frase anterior não pode ser verdadeiramente interpretada como um apelo a que se armem e defendam pela força. A característica fundamental que distingue "o seu Reino" (isto é, o seu estilo de "governo") dos poderes deste mundo é uma rejeição consistente da violência: "Se o meu Reino fosse deste mundo, os meus guardas teriam lutado", diz Jesus a Pilatos.[6]

Apesar disso – e talvez por essa mesma razão –, a sua vinda ao mundo traz consigo a *espada da divisão*. O velho Simeão profetizou acerca de Jesus: "Eis que este menino foi colocado para a queda e para o soerguimento de muitos em Israel" (Lc 2,34). A sua vinda dá demasiadas vezes lugar ao aparecimento de dois campos: o campo dos seus seguidores e o campo dos seus adversários, e a fronteira entre ambos dividirá nações, tribos e famílias: "Os inimigos do homem serão os da sua própria casa".[7] A manifestação radical do bem também radicaliza, naturalmente, o mal. Jesus sabe que a espada da perseguição nunca estará longe dele nem daqueles que lhe são fiéis – aproxima-a deles não como uma arma, mas tal como a luz traz sempre consigo uma sombra. Só no meio da escuridão total é que

---

[4] Cf. GARRY WILLS, *What Jesus Meant*, Nova York, Viking, 2006, p. 2.
[5] Cf. Mt 26,52.
[6] Cf. Jo 18,36.
[7] Cf. Mt 10,36.

não há sombras. Só o demônio, segundo as antigas interpretações, não tem sombra, pois ele próprio é sombra.

A sombra da violência continuará a cair de várias formas sobre o nosso mundo: eis uma realidade com que devemos contar. Mas contar com ela não significa resignarmo-nos a ela, e ainda menos desertar para o campo da violência ou imitar os seus métodos, deixando-nos dominar pelo seu espírito e "jogando uma cartada maléfica". Aquilo que Jesus diz acerca de levantar obstáculos à fé aplica-se igualmente à violência – e a violência é e continuará a ser um obstáculo levantado, uma desgraça do nosso mundo: "São inevitáveis, decerto, os escândalos; mas ai do homem por quem vem o escândalo".[8]

O mundo voltou a confrontar-se com esse grande tema dos Evangelhos em 11 de setembro de 2001, uma data que se transformou num símbolo de um novo tipo de violência no nosso mundo. O próprio conceito de terror – um programa declarado, sem escrúpulos, de uso sistemático da violência como principal ferramenta política do Estado para intimidação de massas dos "inimigos internos" e controle total dos cidadãos – foi gerado pela Revolução Francesa, que lançou a era moderna sob o estandarte da liberdade, da igualdade e da fraternidade. Contudo, o terrorismo de hoje representa um maior "progresso" na história da violência, que se apoia sobretudo no poder dos meios de comunicação. Sem a influência destes, não seria suficientemente eficaz.

Quem planejou o ataque de 11 de Setembro precisava mais das *imagens televisivas* da derrocada dos arranha-céus, que circulariam imediatamente pelo mundo, do que propriamente de cadáveres. Aquelas imagens, e não os explosivos, representam a principal força e poder do terrorismo; os explosivos químicos são apenas um agente preparatório essencial: as principais armas são as *imagens* explosivas. As emoções suscitadas por essas imagens

---

[8] Cf. Lc 17,1.

constituem o principal objetivo dos terroristas; matar é apenas um subproduto das mesmas. Em última análise, os terroristas não estão preocupados com as pessoas nem com a sua morte, mas com o efeito psicológico que a sua morte exercerá através das imagens dos meios de comunicação. Sem essas imagens, os próprios ataques seriam apenas um tema localizado e marginal. Houve guerras inumeráveis ao longo da história, bem como o extermínio de um grande número de pessoas e, nesse sentido, por muito cínico que isso possa parecer, o 11 de Setembro constituiu um fenômeno completamente marginal. No entanto, o triunfo da violência é o fato de esta se poder tornar visível desta maneira e entrar virtualmente nas casas de milhares de pessoas em todos os continentes, espalhando assim o medo, tal como se pretendia.

Em vários dos meus livros mais recentes, e em muitas das minhas conferências, tenho desenvolvido a ideia de que *os meios de comunicação são a religião do mundo ocidental de hoje* (ao passo que, desde o Iluminismo, o Cristianismo moderno perdeu o caráter de "religião" em sentido sociológico, ou, por outras palavras, de ser uma força integrativa da sociedade como um todo, de ser a sua linguagem comum).[9] Os meios de comunicação desempenham os inúmeros aspectos do papel social da religião – ou seja, são uma força que mantém a sociedade unida, influenciando o estilo de pensamento e de vida das pessoas, oferecendo "grandes narrativas" e símbolos partilhados, criando uma rede humana, mas, acima de tudo, *interpretando o mundo*. É através dos meios de comunicação que nós aprendemos a maior parte de tudo aquilo que sabemos dos vários aspectos do mundo, desde a política ao desporto. E até no caso dos meios de comunicação mais "objetivos" e sérios, essa mediação não constitui um espelho sem adornos da realidade. O próprio mecanismo pelo qual a realidade "subjetiva" é transformada em realidade representativa "objetiva" é uma *interpretação* (embora não seja necessário que haja uma intenção deliberada de

---

[9] Cf. Tomáš Halík, *Vzíván i nevzýván* [Chamado e não chamado], Praga, Nakladatelství Lidové noviny, 2004, pp. 38-40.

"distorcer a verdade"). Os meios de comunicação são árbitros da verdade, um dos papéis básicos da *religião*: a maioria das pessoas considera determinado acontecimento *verdade*, porque o viu *com os seus próprios olhos* na televisão, e *importante*, por se encontrar na linha da frente do noticiário ou na primeira página dos jornais. Os ávidos espectadores de televisão aprendem, gradualmente, a deixar que os "olhos da câmara" substituam os seus "próprios olhos", na medida em que a sua perceção imediata das coisas é inconscientemente influenciada e estruturada pela ótica da câmara (e, implicitamente, pela ideologia dos produtores dos meios de comunicação), de tal modo que já não são capazes de olhar com os seus próprios olhos e de pensar com o seu próprio cérebro, de ajuizar as coisas com a sua própria consciência (e esses órgãos da sua humanidade – e, a par deles, a sua individualidade e identidade pessoal – vão-se atrofiando gradualmente e acabam por morrer).

Essa religião, esse espaço sagrado da civilização contemporânea, essa aparência de espaço de verdade – *aletheia*, "iluminada" (isto é, acessível, pública) –, foi conquistado pelo terrorismo moderno, passando a ser a sua arma mais poderosa e o principal instrumento da sua influência. Não é de modo algum a minha intenção demonizar os meios de comunicação – é "com boa-fé" que eles dão tanto espaço às notícias e às imagens de atos terroristas. Além disso, é esse o seu dever e o sentido do seu próprio serviço ao público. Aliás, ninguém pretende censurar as más notícias ou fechar os olhos aos acontecimentos trágicos do nosso mundo; todos nós temos um direito sagrado à informação! Mas é essa precisamente a razão pela qual o poder do terrorismo sobre os meios de comunicação – e, através deles, sobre nós – é tão imenso e tão perigoso.

O maior perigo é, precisamente, essa *inocência* dos meios de comunicação (estes servem simultaneamente a nós, que precisamos das suas notícias e as exigimos, e, quer queiramos quer não, ao terrorismo, que tem a mesma necessidade vital delas), porque torna indefeso o mundo dos meios de comunicação – ou seja, o nosso mundo mais intrinsecamente partilhado. Somos incapazes de prevenir esse êxito principal dos terroristas: a disseminação maciça do medo através dos meios de comunicação; todos nós contribuímos para ele, o que, aliás, é compreensível.

Com efeito, nós temos um direito sagrado à informação, e não conhecemos outra alternativa: não podemos cegar o olhar através do qual apreendemos o mundo para lá das nossas fronteiras, invisível aos nossos próprios olhos; não desejamos, com toda a razão, fazer-nos surdos às notícias acerca de acontecimentos fora do alcance dos nossos ouvidos, privando-nos assim de conhecer temas tão recentes que ainda não entraram na nossa mente. Aqui e agora, constantemente e dia após dia, os meios de comunicação oferecem-nos desde já aquilo que, segundo São Paulo, só o céu nos poderia oferecer: "O que os olhos não viram, os ouvidos não ouviram, o coração do homem não pressentiu" (1Cor 2,9). Os meios de comunicação são agora o nosso céu e vão mudando gradualmente a face da terra.

Contudo, uma das "encarnações" dos grandes símbolos desse céu artificial é, precisamente, o terrorismo. Assim como, segundo os Evangelhos, a Palavra preexistente assumiu a forma de acontecimentos históricos específicos e entrou na realidade material da história das nossas vidas, o mesmo aconteceu também no 11 de Setembro, numa estranha inversão.

Uma mulher que foi testemunha ocular direta do ataque perpetrado em Nova York – esse "relâmpago vindo do nada" – contou-me que, primeiro, pensou estar vivendo um filme de terror: na verdade, milhões de americanos teriam visto, inúmeras vezes, uma cena semelhante àquela de edifícios caindo, distraindo-se "agradavelmente" com essas imagens tão vivas, dramáticas e altamente fotogênicas. Todas as noites tinham a oportunidade – que muitos aproveitavam – de sentir os nervos à flor da pele, uma sensação agradavelmente arrepiante na barriga e uma emoção avassaladora, numa versão muito mais barata do que os habituais desportos radicais. Eventualmente, algum *King Kong* altamente exótico, algum antimessias, teria de aparecer por fim, para que essas imagens arquetípicas pudessem encarnar na realidade cotidiana, para que o mundo virtual pudesse ultrapassar as fronteiras da tela da televisão e sair para a rua, transformando a distração da noite no horror do dia.

Cada um de nós está familiarizado com os cruéis pesadelos que um psicanalista explicaria como uma emanação da agressividade oculta no mais profundo de cada um de nós – sombras, dir-nos-ia ele, que a nossa cultura nos ensina a integrar e sublimar de várias formas, a fim de escapar a dois extremos (em última análise, mutuamente atraentes), ou seja, obrigar-nos a suprimi-los, empurrando-os para o nosso inconsciente e, a partir daí, deixar que eles envenenem as nossas vidas como uma úlcera por tratar, ou deixá-los ingenuamente assumir gradualmente o controle da nossa consciência e do nosso comportamento.

O êxito dos filmes de terror e de ação deve-se, provavelmente, ao fato de esses mesmos sonhos – dos quais, de um modo geral, apenas recordamos fragmentos, e talvez seja esse o fascínio que exercem sobre nós, como atividade incompleta ou fruto proibido no Jardim do Éden do nosso mundo dos sonhos – trazerem esses filmes de volta ao nosso consciente, manipulando-os (a eles e a nós), e levando-os a produzir as suas fantásticas consequências, tornando-os parte da onipresente indústria da diversão.

Esta forma de brincar com imagens das profundezas do ser é uma espécie de *antimeditação*. A meditação tenta "alcançar a liberdade em relação a imagens", esvaziando a mente, ao passo que, neste caso, o importante é encher a mente e controlá-la mediante imagens fascinantes (aliás, os anúncios que intercalam esses filmes, e que constituem o motivo econômico da sua distribuição, atuam segundo esse mesmo princípio). A meditação pretende alcançar a liberdade espiritual, a referida antimeditação produz o efeito oposto, um efeito que é alegremente aceito e procurado por muitos. Embora prometa a liberdade como forma de escape, é uma droga que cria realmente dependência, privando as pessoas da sua liberdade.

Poderíamos pensar, de fato, que esse brincar com imagens poderosas que brotam das profundezas do inconsciente poderia ser mantido para sempre sob controle, como aqueles que pensam ingenuamente que podem brincar com as drogas? Porventura não reparamos que aquilo com que supostamente estávamos brincando estava cada vez mais brincando conosco e dominando-nos? Será que não suspeitamos que essas poderosas imagens acabariam um dia por derrubar as barreiras por nós estabelecidas, começando a levar vidas próprias? Fomos realmente incapazes de imaginar de que modo viriam a afetar as nossas vidas? Fomos realmente incapazes de perceber que as vozes de alerta (apesar de serem poucas em número e facilmente ridicularizáveis) não apelavam à censura, mas à cultura, que não eram elas que ameaçavam a liberdade, mas sim aquilo contra o qual nos advertiam?

Certo comentador escreveu que Bin Laden não se alimentava tanto dos textos sagrados do Islão como dos filmes de Hollywood... E, provavelmente, teria razão. Bin Laden também era *a nossa sombra* e não apenas a sombra do Islão, e, enquanto não o percebermos, todas as batalhas contra o terrorismo estarão antecipadamente perdidas. Não pretendo pôr em questão, de uma forma ingenuamente pacifista, a legitimidade de qualquer forma de defesa, nem acusar a vítima de forma masoquista. Ficaria tão contente se um dos *representantes espirituais do Islão* tivesse a coragem de João Paulo II, quando falou de forma tão aberta e humilde, nas vésperas do novo milênio, acerca dos aspectos sombrios do passado cristão.

Gostaria imensamente de ouvir de lábios como os dele, até que ponto Bin Laden foi uma encarnação dos aspectos negativos do passado islâmico. Quando leio pensamentos semelhantes a este, em livros e artigos de Salman Rushdie ou na brilhante conferência de Bento XVI em Regensburg, reconheço-os de fato como vozes legítimas e interessantes, mas que não podem ter o poder curativo do mundo espiritual do Islão, que só pode ser suscitado por um exame de consciência penitente, *por uma voz interior*. O nosso papel indispensável consiste em sondar as nossas consciências, tentando descobrir de que modo a nossa própria cultura nos poderia ter ajudado a suscitar algo que muitos, à nossa volta, veem como completamente estranho e incompreensível.

No nosso tempo, verifica-se uma exceção aterradora à afirmação de Heidegger segundo a qual a tecnologia ultrapassou todas as distâncias, mas não conseguiu criar qualquer tipo de proximidade. Através dos meios de comunicação, a tecnologia tornou o horror do terrorismo muito próximo de cada um de nós. Trata-se, obviamente, de proximidade *virtual*, mas, apesar disso, as emoções suscitadas por essa proximidade são muito reais. Quem quisesse contestar a afirmação de que o terrorismo se revelou vitorioso através do uso que fez dos meios de comunicação, poderia certamente argumentar, em relação a essas mesmas reações emocionais, que as imagens de violência terrorista provocaram reprovação e sentimentos de repulsa, diante dessas ações e daqueles que as cometeram, em muita gente – com a possível exceção de alguns indivíduos com desvios psicológicos ou de alguns grupos ideologicamente míopes.

Os terroristas, porém, não esperam nem procuram a nossa aprovação, querem apenas o *nosso medo*. Eles não receiam a nossa rejeição nem o nosso ódio. Pelo contrário, acolhem bem reações de ódio, pois sentem, com razão, que tais reações escondem, precisamente, aquilo que os terroristas pretendem suscitar: o nosso medo. E se essa mistura de medo e de ódio provoca violência do nosso lado, sentem-se ainda mais triunfantes. Eles não sentem um medo particular por ações militares, pois sabem, perfeitamente, que aquilo que foi concebido para as guerras entre exércitos não funciona em campanhas contra ações difusas, que costumam ser organizadas a partir de muitos epicentros do ciberespaço e não de um só *bunker*, contra o qual seria possível enviar tropas e declarar vitoriosamente diante da câmara: Apanhamo-lo! Eles não têm medo de provocar protestos, desconfiança e ira, porque, num ambiente desses, estão habituados a mover-se como peixes na água, e muito mais facilmente do que os seus adversários ideológicos. É precisamente numa biosfera de ódio que os terroristas florescem melhor e que a sua influência se espalha como a peste.

Os terroristas desejam que o medo triunfe em nosso coração. Estou convencido de que essa seria a sua vitória moral, mais importante para eles do que o domínio físico do globo. Não me parece que Bin Laden estivesse ansioso por se sentar à mesa da sala oval da Casa Branca, a fim de ditar à América a lei islâmica, a partir daí. Ele obteve uma vitória pelo fato de tanta gente se sentir assustada só de pensar em algo desse tipo. Os terroristas pressentem, forçosamente, como é duro governar, tanto física como politicamente, e que isso é mais difícil do que conseguir dominar o mundo, mesmo recorrendo a meios militares. Preferem dominar o sistema nervoso da humanidade atual, de forma bastante fácil e rápida, invadindo o consciente e o subconsciente das pessoas mediante imagens sugestivas. E também estão bem conscientes de que, até hoje, todos os nossos meios de reação à violência são ineficazes. Nem as negociações diplomáticas por estadistas (com quem?), nem as manifestações de protesto dos pacifistas (à porta de que embaixada?), nem as expedições militares podem surtir efeito algum. Este novo tipo de terrorismo é uma doença que não pode ser eliminada através de rápidas incursões – estas são demasiado arriscadas, e podem ter consequências ainda mais fatais do que a própria doença.

Não me considero um pacifista. Aliás, nunca seria um pacifista, a preço nenhum. Aceito que uma sociedade tem o direito de se defender pela força, se estiver moralmente convencida de que as suas funções vitais ou os seus valores fundamentais correm um risco autêntico e imediato, e que, depois de todos os outros meios se terem esgotado, se poderá assumir, com sensatez, que só a defesa pela força obterá o efeito desejado. Contudo, diante do terrorismo moderno, é impossível assumi-lo de forma racional.

Madeleine Albright tem razão quando afirma que "a guerra contra o terrorismo deve ser, acima de tudo, uma guerra de ideias", e que o mais importante é demonstrar, de forma convincente, a quem se debate contra o Ocidente secular em nome de valores morais e transcendentais, que nem sequer o Ocidente pretende afastar a dimensão espiritual e transcendental da vida pública e da política – apesar de qualquer "separação entre o Estado e a religião" – e que leva esses valores a sério. Sim, essa será, provavelmente, a única "guerra preventiva" admissível! No entanto, admitamos que, nos últimos tempos, já perdemos um grande número de batalhas dessa "guerra". O sectarismo religioso não deveria encaminhar as nossas sociedades para o secularismo fanático, nem tentar levá-las a utilizar mal as nossas religiões de forma sectária. Talvez ainda não seja tarde para mostrar, com o nosso exemplo, que os grandes valores dos tempos modernos e que os grandes valores da fé religiosa se podem complementar mutuamente, fortalecendo-se uns aos outros – e vários comentários do antigo secretário de estado norte-americano (de origem tcheca) suscitaram em mim essa esperança. Permitam-me que repita, mais uma vez, uma das mensagens subjacentes ao presente livro: a minha convicção de que não existe nada mais importante, no nosso mundo de hoje, do que encontrar um caminho entre o fundamentalismo religioso, por um lado, e o secularismo fanático, por outro.

Poderiam os meios de comunicações que, como eu já disse, tanto contribuem para aumentar a influência e o poder do terrorismo (embora, repito, "em boa-fé" e, infelizmente, de uma forma que parece ser inevitável), utilizar de algum modo a sua poderosa influência para ajudar na batalha espiritual contra esse mal, que também é, essencialmente, de natureza espiritual? Estou convencido de que, em certo sentido, podem fazê-lo: *restaurando a identidade das vítimas*. Devolvendo-lhes o seu nome e "emprestando-lhes" uma voz.

Há ainda um aspecto mais recente e aterrador deste novo tipo de terrorismo: *a cegueira da matança e o anonimato das vítimas*. Os terroristas não se preocupam minimamente *com quem* matam. Só lhes interessa filmagens espetaculares nos meios de comunicação e a maior quantidade de *corpos* possível. Estão sobretudo interessados nos números de vítimas, e não na sua identidade. Interessam-lhes os corpos, não as pessoas.

Durante séculos, os assassinos – ao contrário dos homicídios vulgares por dinheiro ou por inveja – eram orientados contra indivíduos específicos e, de modo particular, contra representantes ou símbolos da autoridade. As guilhotinas da Revolução Francesa mataram mecanicamente adversários políticos (reais ou imaginários), numa escala maciça – e com ainda maior cinismo do que nos julgamentos da Inquisição espanhola –, mas as vítimas continuaram a ser "selecionadas". Hitler deu um passo à frente na história do terrorismo: mandou matar milhões de pessoas, sem se interessar minimamente pelos seus nomes, por aquilo que tinham feito ou até pelas suas convicções políticas: a única coisa que tinham em comum era o fato de serem judeus.

O terrorismo atual, porém, nem sequer se preocupa com a identidade das suas vítimas – as vítimas não têm nada, nenhuma característica em comum. As vítimas daqueles que destruíram as Torres Gêmeas, em Nova York, em nome de Alá, incluíram judeus, não crentes e muçulmanos.

Se eu vier a ser assassinado, sou capaz de entender e de aceitar que alguém me possa matar pelas minhas convicções políticas ou religiosas, ou simplesmente porque o meu rosto não lhe agrada, mas horroriza-me só de pensar que alguém me pudesse matar apenas porque eu ia a passar na Oxford Street, às 10h42, em uma manhã de terça-feira. Como é óbvio, cada morte – pelo menos do ponto de vista humano – é incompreensível até certo ponto, e cada morte violenta tem o seu aspecto absurdo. E mesmo que um carro me atropelasse na Oxford Street, é provável que também isso me parecesse um pouco absurdo. Mas os ataques terroristas que ocorrem nos nossos dias, cujas vítimas anônimas são selecionadas de forma arbitrária, combinam o absurdo de um acidente com a intenção consciente e deliberada de um crime.

Os terroristas não têm absolutamente nada contra as pessoas que matam; nem sequer as podem censurar por usarem o uniforme de um exército estrangeiro ou de serem cidadãos de um país que lhes tenha declarado oficialmente guerra. Os seus alvos preferidos são centros internacionais, onde há pessoas de todas as nações, raças e religiões, de tal modo que as notícias se espalhem de forma dramática, afetando o maior número possível de pessoas. Eles nem sequer conhecem as suas vítimas pessoalmente, nem sequer se encontram com elas no momento da morte – nessas execuções, não está presente nenhum juiz, executor ou comandante em pessoa, há apenas um pacote anônimo de explosivos – ou os próprios executores transformam-se voluntariamente em vítimas, infligindo a morte a si próprios e às suas vítimas.

Os terroristas que, desse modo, assumem o controle das situações e destroem as suas próprias vidas e as vidas de outras pessoas – como um raio vindo do céu – são, de um modo estranho, adversários de Deus que – como diz Jesus – fazem com que a chuva caia e o sol brilhe sobre bons e maus, sobre justos e injustos.

Esta forma de matar, completamente indiscriminada, priva as vítimas da *sua identidade* e da sua dignidade humana, como se fossem vítimas das câmaras de gás, despojadas das suas roupas. Sinto-me extremamente grato pelo fato de as paredes da Sinagoga Pinkas, de Praga, estarem cobertas com os nomes das vítimas do Holocausto e por ser possível ler estes nomes diariamente, como acontece em muitos museus do Holocausto de todo o mundo. Segundo a tradição bíblica, a tentativa de "não apagar o nome" do homem tem um significado profundo.

Quando me detive pela primeira vez no Marco Zero[10] – num estado de emoção mais profunda do que esperava –, senti-me extremamente grato por ter podido ver aí as fotografias e os nomes das vítimas, por me ser possível, pelo menos dessa forma, olhar para os seus rostos.

O grande pensador judeu Emmanuel Levinas afirmava que Deus só se revela aos seres humanos *através do rosto do seu próximo*. O rosto do outro apresenta-se nu e vulnerável – mas é por isso que constitui um apelo, o único imperativo verdadeiro que nos liga com uma autoridade incondicional. Lembra-nos de que somos chamados a responsabilizarmo-nos pelos

---

[10] Local onde se erguiam as Torres Gêmeas. (N.T.)

outros, que devemos assumir a missão que Caim rejeitou: ser os guardiães dos nossos irmãos e irmãs.

O significado do amor reside, precisamente, na responsabilidade. Cada ser humano é chamado a responder pelo outro. Esse chamado constitui a nossa eleição mais intrínseca – verdadeira para toda a gente. Ao ser escolhida, uma pessoa assume indiscriminadamente a responsabilidade por todos e por tudo. "Ser escolhido torna-nos reféns do nosso irmão." Mesmo que não sejamos responsáveis pelo mal que é feito, não devemos pensar que este não nos diz respeito. O significado de termos sido escolhidos reside no fato de sermos responsáveis pelo destino do outro. Segundo Levinas, a fé em Deus é expressa através de obrigações incansáveis para com o outro.

O teólogo Johann Baptist Metz, um dos expoentes da teologia política, afirmou, durante muito tempo, que o conceito de *solidariedade*, tão fundamental para a teologia latino-americana – bem como para a sua variante polaca, "a teologia da libertação do regime marxista", sobretudo como foi proposta por Józef Tischner –, deve ser complementada por "solidariedade para com as vítimas". A história é escrita pelos vencedores... Mas as vítimas também permanecem na memória de Deus. As nações e os seus líderes celebram os sacrifícios que fizeram, as vítimas das suas próprias fileiras. A voz profética dos cristãos também deve recordar as vítimas que eles próprios fizeram. E não só a voz dos cristãos: o grão-rabino britânico Jonathan Sacks recorda um discurso feito por Yitzhak Rabin, o comandante-chefe das forças armadas israelitas, na Universidade Hebraica, em Jerusalém, após a vitória triunfal de Israel (contra todas as probabilidades), na Guerra dos Seis Dias, em 1967. Rabin declarou que, para muitos membros das forças armadas, a sua alegria pela vitória se misturava com tristeza e assombro. Muitos nem sequer estavam celebrando a vitória, pois ainda guardavam na sua memória visual tanto os seus companheiros caídos como as baixas imensas dos seus inimigos. Recordava-lhes um pouco a cena bíblica em que Davi e todo o seu exército choram, depois da vitória contra Absalão e os seus guerreiros; Absalão era um insurreto, um inimigo, mas também era filho de Davi.

O grito de Jesus na cruz, "Meu Deus, por que me abandonaste?", dá voz a todas as vítimas de violência abandonadas, esquecidas e silenciadas. Cristo, que, na cruz, mostrou uma solidariedade sem limites – da qual a "solidariedade para com as vítimas" faz, verdadeiramente, parte integrante –, é *a nossa paz*; ele derrubou todas as fronteiras. Os esforços para reviver nas nossas consciências e nas nossas memórias, os rostos das vítimas velados pelo esquecimento, ultrapassando as fronteiras "nossas" e "deles", fazem parte do apelo que nos é dirigido por São Paulo: *que a cruz de Cristo não seja esvaziada do seu significado.*

Regressemos, porém, pela última vez, à principal responsabilidade dos meios de comunicação. Sim, os meios de comunicação talvez possam fazer isso, pelo menos, na batalha moral contra o terrorismo: ler os nomes das vítimas e *mostrar os seus rostos*, bem como contar as suas histórias e dar às suas pessoas mais queridas uma oportunidade de falar – chamá-las do anonimato das suas figuras à forma humana. Mas revelar-se-ão eles capazes de fazê-lo em um estilo diferente do da rápida sucessão de notícias sensacionalistas? Revelar-se-ão eles capazes de não estragar esse ato com um sentimentalismo doentio ou com a manipulação de emoções, na intenção de utilizar o seu potencial emocional com fins ideológicos e de vendê-lo com objetivos políticos?

Quando ouvi pela primeira vez a expressão "guerra ao terrorismo", no meio das comoventes cerimônias pelas vítimas do 11 de Setembro, estremeci ao pensar que essa perigosa *metáfora* em breve deixaria de ser uma metáfora e se tornaria uma realidade política, que os sentimentos de solidariedade para com as vítimas seriam mal utilizados, criando novas vítimas inocentes, e que os sentimentos de solidariedade do mundo para com a América no seu sofrimento rapidamente dariam lugar a emoções diferentes. Certas metáforas devem ser utilizadas com um cuidado extremo: certas expressões poderosas e imagens evocativas poderão fazer aparecer gênios que não será fácil fazer entrar de novo nas suas lâmpadas. *Nenhuma guerra é sagrada* – nem sequer a "guerra contra o terrorismo"; só a paz é sagrada. O mundo já está tão interligado, que certas palavras e atos suscitam forçosamente o efeito de *boomerang* – e isso não se aplica apenas a ataques terroristas, mas também a tentativas de declarar "guerra ao terrorismo" apenas com as armas que os terroristas sabem utilizar.

Será esta situação verdadeiramente insolúvel? Os mundos das diversas culturas e religiões tornaram-se mais próximos uns dos outros, graças a várias invenções tecnológicas e laços econômicos, mas estes não resultaram numa compreensão mútua mais profunda. Expressões como "choque de civilizações" e "guerras de culturas" pairam sobre nós como nuvens negras de assustadoras profecias, quais *aves raras* que prenunciam mau tempo, como Kierkegaard certo dia descreveu a si próprio. Que podemos fazer? Na verdade, não existem soluções rápidas disponíveis. Há que pensar a longo prazo, por mais que o sangue no limiar de nossa casa vá minando, compreensivelmente, a nossa calma e a nossa paciência. Ninguém tem uma solução mágica para transformar as pedras do ódio e da violência no pão do amor, da paz e da compreensão mútua – e, como Jesus no deserto, também nós deveríamos ter a coragem de recusar realmente essas soluções, como típicas tentações satânicas de abandonar a paciência e de "tomar um atalho".

Aquilo que é claramente mais importante, no momento presente, é *remover as pedras*: sopesar nas nossas mãos e no nosso coração os nossos símbolos sagrados e as palavras das nossas Escrituras, que poderiam ser utilizadas para "atirar pedras", para instigar e justificar a violência contra outros e o ódio da diferença – como de fato foram utilizadas com tanta frequência no passado e, ainda hoje, continuam a ser utilizadas.

A memória histórica das nações e das comunidades religiosas – e, de modo particular, das poderosas mitologias sobre o nosso próprio passado, hoje em dia frequente e perigosamente revividas – contém uma estranha mistura de memórias de antigas batalhas, de afrontas sofridas e de faltas dos outros, de sentimentos de inveja e de sentimentos não reconhecidos de culpa ou de inferioridade, compensados pelo orgulho na sua própria predestinação.

Jonathan Sacks, o grão-rabino da *Commonwealth* britânica, que já mencionei anteriormente, apresentou uma interpretação notável da história bíblica do desentendimento entre Jacó e Esaú, incluindo a famosa cena do combate noturno na margem do rio Jaboc.[11] Como sabemos, Jacó usa de astúcia para ser abençoado e receber a promessa, à qual o primogênito, Esaú, chega tarde demais. No fim, porém, Esaú, não fica sem uma bênção. Sacks comenta que ser escolhido não significa que outros "não sejam escolhidos". Para estarmos perto de Deus, não temos de impedir os outros de ter a sua relação pessoal (possivelmente diferente) com ele. (Isto me faz lembrar uma afirmação ainda mais radical de Levinas, outro pensador judeu: todos nós somos escolhidos.)

Segundo Sacks, o problema de Jacó era que ele sempre tinha querido ser Esaú, ocupar o lugar de Esaú. Lutou com ele no ventre de sua mãe, agarrou-o pelo calcanhar e comprou o seu direito de primogenitura a troco de um prato de lentilhas. Vestiu a sua roupa e, ao ser interpelado por Isaac, já cego, replicou: "Sou Esaú". Fez mal e usurpou uma bênção. E quando se aproxima a hora da prestação de contas e Esaú marcha contra ele com um grande exército, Jacó sente um medo terrível.

Porém, cai a noite e, com ela, o acontecimento que muda tudo. Jacó, que cometeu a sua fraude na noite da cegueira do seu pai, é obrigado a descer ao meio da escuridão do seu medo e da sua culpa... E a combater aí. Luta com o Desconhecido e mantém-se firme. Percebe, perfeitamente, quem é o seu adversário: dá àquele lugar o nome de Penuel, "Porque vi Deus face a face e conservei a vida". Por ter descido ao meio das trevas, por não ter se esquivado ao combate e por ter se mantido firme, recebe um nome novo, Israel, "porque combateu contra Deus e contra os homens e conseguiu resistir".

---

[11] Cf. J. SACKS, "Sedra Toldot" e "Sedra Vayishlach", no seu comentário à Tora: Covenant and Conversation. Disponível em: <http://www.chefrabbi.org/thoughts/index.html>.

Agora, Jacó-Israel já não precisa desejar ser outra pessoa, é finalmente ele próprio. Por isso, pode reconciliar-se com o seu irmão. Por ter revelado uma grande força, agora pode manifestar uma grande humildade quando se encontra com o seu irmão. Por ter tido a coragem de olhar para o rosto de Deus, no meio das trevas de um julgamento difícil, a sua falta de ter utilizado as trevas da cegueira do seu pai foi redimida – e agora pode olhar, à luz, para o rosto do seu irmão.

A meu ver, o tempo para *juntar pedras* é, precisamente, esse *trabalho na escuridão*, que requer coragem para se descer ao que está esquecido, deslocado e pesado pela culpa e pelas dívidas gravadas no "subconsciente coletivo", e aí, nas profundezas do ser, arrancar pelas raízes os nossos preconceitos e animosidades mútuos e curar as cicatrizes não saradas do passado. Muitas vezes, também é uma batalha, sobretudo uma batalha dentro de nós mesmos, e muitas vezes temos de sofrer, no processo, várias feridas. Mas também podemos descobrir a nossa verdadeira identidade.

É frequente projetarmos sobre os outros as coisas que não queremos ou não conseguimos reconhecer acerca de nós; e isso acontece não só na vida privada, mas também nas relações entre países, religiões e culturas. O mecanismo de projeção e a manifestação de "imagens patológicas do inimigo" foram descritos por Carl Gustav Jung e, em última análise, era a isso que se referia Jesus ao desafiar-nos a "remover a trave do nosso próprio olho", antes de olharmos para "o argueiro" no olho dos outros. Os "argueiros" nos olhos dos outros talvez sejam apenas ilusões, simples sombras e projeções das nossas próprias traves que não conseguimos remover.

No artigo mencionado, Joseph Moingt escreveu que aquilo que há de mais característico e precioso no Cristianismo é ele ter inaugurado uma *nova forma de estar com os outros*. Poder-se-ia dizer: uma nova cultura de proximidade, um novo método de *nos tornarmos próximos* dos outros, dos que são diferentes de nós. Não esqueçamos, porém, que também neste campo o Novo Testamento tem as suas raízes na Torá; não esqueçamos a história de Jacó e de Esaú.

O momento da história em que tanto se fala do perigo do "choque de civilizações" faz-nos lembrar daquela noite cheia de ansiedade, na margem do rio Jaboc, quando as tropas dos inimigos fraternos se aproximavam umas das outras. Mas não nos deixemos adormecer, durante a noite que se aproxima. Se perseverarmos, a noite que talvez venha a ser de duro combate permitir-nos-á fazer frente à prova da manhã seguinte, a obra da reconciliação, de tal modo que *o tempo da proximidade* possa chegar por fim.

CAPÍTULO 10

Tempo para curar

Sempre que passo por uma sinagoga já desativada, em Praga, leio na sua fachada a frase ainda visível, mas já muito gasta: "*Shalom* – Paz aos que estão perto e aos que estão longe!".

Shalom não é apenas paz no sentido de ausência de guerra e de disputas entre povos e nações. Não é a paz que brota da ordem eterna da natureza. Tampouco é essa harmonia cósmica que as vias de meditação do Oriente nos convidam a procurar. *Shalom* tem mais a ver com a história da salvação do que com os ciclos da natureza: a tradição bíblica tem consciência de que essa harmonia foi em tempos profundamente perturbada; tem consciência da cicatriz oculta no coração do ser. Tem consciência daquilo que Virgílio parecia ter em mente, ao escrever o seu verso misterioso tão difícil de traduzir: *Sunt lacrimae rerum – estas são as lágrimas das coisas. Shalom é a paz recuperada.* Significa *reconciliação* entre Deus e as pessoas, Deus e a natureza, reconciliação mútua entre as pessoas e as famílias humanas, e também paz profunda no coração humano – *shalom* é um agradecimento cheio de gratidão pela cura, pelo perdão e pela salvação.

Se, nos nossos dias, experimentamos *shalom* – como faz um judeu piedoso, por exemplo, ao observar e celebrar o *Shabath* –, tocamos – pelo menos por um momento – o passado do paraíso perdido, bem como o banquete celeste, prometido para um futuro escatológico. Trata-se, portanto, de um momento não só de profunda alegria, mas também de certa tristeza e nostalgia, que brotam do nosso desejo impossível de permanecer para sempre nessa paz. Nesses momentos, sentimos muitas vezes relutância em partir – como é óbvio, gostaríamos "de montar três tendas", como o apóstolo Pedro sugeriu no monte Tabor[1] –, mas, ao mesmo tempo, temos consciência de que a nossa peregrinação diária nos fará regressar de novo ao vale da rotina cotidiana, "separados da presença do Senhor".

Quando Jesus ressuscitado atravessa as portas fechadas do medo e se coloca no meio dos seus discípulos, traz-lhes o seu primeiro dom: o Espírito, falando ao mesmo tempo de paz e de perdão dos pecados,[2] vem para lhes dar a paz e o poder de perdoar os pecados: *E sopra sobre eles*. Esse gesto faz lembrar o ato do Criador tal como lemos no Gênesis: "O Senhor Deus formou o homem do pó da terra e insuflou-lhe pelas narinas o sopro da vida, e o homem transformou-se num ser vivo".[3]

Segundo a Bíblia, o homem foi criado do pó da terra, do nada, da finitude, e também pelo Espírito, o princípio do Deus de amor. Quando a obra do Espírito é bloqueada – e esse bloqueio chama-se pecado –, ele volta ao nada: "Se lhes retiras o alento, eles... voltam ao pó".[4] E quando Deus lhes devolve o Espírito, eles são recriados;[5] tornam-se uma *nova criação*. Os apóstolos, que se dispersaram no momento de maior prova de Jesus, "voltaram ao seu pó". Agora, Jesus cria-os de novo, insuflando neles o seu Espírito. E, com essa *recreatio*, ele não se limita a perdoar-lhes os pecados, mas também os envia a transmitir esse perdão.

Este ato de Jesus é tradicionalmente interpretado como o estabelecimento do "sacramento da Reconciliação". Mas talvez seja algo mais vasto: a vocação de serem um "instrumento de paz" (como rezava São Francisco de Assis), de serem servos da reconciliação e do perdão.

---

[1] Cf. Mc 9,5.
[2] Cf. Jo 20,19-23.
[3] Cf. Gn 2,7.
[4] Cf. Sl 104,29.
[5] Cf. Sl 104,30.

Os nomes de pessoas, na Bíblia, têm muitas vezes um significado simbólico. E, tal como todos os símbolos, revelam e ocultam simultaneamente aquilo que simbolizam; neste caso, é uma caminhada para a pessoa, para o mistério do caráter único de cada ser humano, do caráter único do temperamento e da vocação. Mudar o nome – de Abrão para Abraão, de Jacó para Israel, de Simão para Pedro, de Saulo para Paulo – significa desviar a pessoa dos seus próprios fundamentos; é uma prerrogativa de Deus. No Apocalipse – se sairmos vitoriosos do combate da nossa vida –, é permitido a nós um amuleto branco, no qual está inscrito um nome novo, que ninguém conhece a não ser aquele que o recebe.[6] Descobriremos, por fim, a nossa verdadeira identidade. Receberemos finalmente uma resposta para a interrogação que atormentou alguns de nós, ao longo de toda a sua vida: Quem sou eu realmente?

O nome do cobrador de impostos – Zaqueu – seria, provavelmente, a forma helenizada de um nome hebraico que significava "puro", inocente. No caso deste Zaqueu particular, esse nome devia soar de forma extremamente irônica, dando motivo a piadas maliciosas: O Senhor Puro era mais conhecido por lidar com dinheiro sujo. Quando Jesus entrou em sua casa, tem lugar uma catarse – limpeza, purificação: arrependimento, conversão, cura, recuperação daquele que se tinha perdido.

Ao analisar a forma como Jesus chamou Zaqueu, que se encontrava *oculto no meio das folhas da figueira*, não posso deixar de recordar outra cena bíblica: o Senhor chama Adão – depois de o primeiro casal humano ter pecado e coberto a sua nudez com *folhas de figueira* e de tanto ele como a sua mulher se terem escondido "entre as árvores do jardim" – e pergunta-lhe: "Onde estás?". Adão replica: "Ouvi teu passo no jardim; tive medo, porque estou nu, e me escondi".[7]

---

[6] Cf. Ap 2,17.
[7] Gn 3,10.

Zaqueu, que era considerado um pecador, na vizinhança, e que, depois, admitiu ter enganado o seu próximo e o ter espoliado injustamente, subirá à figueira, e não foi só por ser de pequena estatura. Havia claramente outra razão para se esconder e manter afastado da multidão. Zaqueu percebeu – pelo menos algures, no profundo da sua alma – que era um pecador, "um filho de Adão". Jesus, porém, acaba por lhe chamar publicamente "filho de Abraão", filho do *pai da fé*.

A nossa vida também se estende entre Adão e Abraão, e entre o "primeiro Adão" e o "segundo Adão", Cristo. Como o seu (e nosso) antepassado Adão, Zaqueu está coberto por folhas de figueira, como um pecador. Contudo, não é por medo que Zaqueu espreita através da sua árvore, mas com um anseio profundo. O seu corpo está escondido, mas a sua alma está aberta. Por isso pode ouvir e aceitar o convite, que faz lembrar a chamada de Deus a Abraão: Sai!

E assim como Abraão "partiu, sem saber para onde ia" (Hb 11,8), também Zaqueu responde à chamada de Jesus e decide deixar o seu esconderijo. Desce do seu elevado posto de observação, sem saber ao certo o que o espera. A descida de Zaqueu, tal como o início da caminhada de Abraão, é um ato de fé: fé como prontidão em obedecer a uma chamada, em responder a um apelo. É um ato de confiança e coragem, ao entrar num espaço inseguro. Ao fazê-lo, este filho de Adão mostra desde já que é filho de Abraão, e Jesus proclamo-o publicamente: "... este homem também é um descendente de Abraão. Pois o Filho do Homem veio procurar e salvar o que estava perdido".

Jesus diz a Zaqueu o que ele deve fazer; aproximou-se dele e mostrou-lhe, a ele e aos outros, que este homem, que tem sido rejeitado, pertence à família dos filhos de Abraão. O arrependimento e a recompensa de Zaqueu não são a *razão* da salvação que Jesus traz a sua casa e declara publicamente diante dos seus vizinhos. A salvação é um dom, não uma recompensa. Jesus aproximou-se e trouxe-lhe o seu dom "sem condições prévias". Ele não lhe veio impor o seu dom de salvação nem oferecê-lo como uma comodidade que Zaqueu devia comprar primeiro através de certos atos. Apesar disso, há sempre a possibilidade de aceitar ou rejeitar esse dom.

Inicialmente, Zaqueu aceita o dom pela sua confiança, *recebendo a chamada* – não se limita a ser um simples observador distante, que não se deixa envolver –, e, depois, pela sua decisão de emendar a sua vida.

A primeira iniciativa parte do doador: Jesus. É verdade! Zaqueu observava e procurava, mas ele próprio já estava sendo procurado. Ele encontrou porque foi encontrado. Aquele homenzinho, que era um "grande ricaço" – invejado e até desprezado como pecador pelo seu próprio povo –, é agora encontrado e aceito como filho de Abraão. Nesse momento, ele terá certamente crescido em estatura aos seus próprios olhos e aos olhos dos seus vizinhos. O pequeno Zaqueu, o chefe dos cobradores de impostos, já não precisa do pedestal do seu estatuto oficial e, agora, também é capaz de se libertar de uma grande parte da sua riqueza, porque agora o seu valor deriva do fato de ele ser considerado precioso pelo Mestre de Nazaré, que entrou em sua casa como sua visita.

Zaqueu estivera distante – e não só no momento em que se separara da multidão e se refugiara num esconderijo no alto da árvore. Estivera "distante" porque o seu anterior modo de vida o colocara entre os "perdidos", entre aqueles "que tinham morrido". Apesar disso, agora, tinha ressuscitado e estava próximo.

Por Jesus ter ido ao seu encontro e ter entrado em sua casa, Zaqueu está agora muito mais próximo de Deus e dos seus vizinhos, porque Cristo está perto dele. A sua descida da figueira consumou-se pelo fato de a sua confissão e o seu arrependimento terem derrubado a barreira do *afastamento*. Afinal, o que é o pecado senão afastamento de Deus, das pessoas, do próprio eu e da própria finalidade intrínseca?

Por fim, Zaqueu disse abertamente a verdade acerca de si próprio – na medida em que foi capaz de reconhecer e de tomar consciência disso, naquele preciso momento. *A sua consciência fez-se sentir dentro de si.* Apesar disso, continua a falar no condicional: "Se defraudei alguém em alguma coisa". Ele claramente precisa deixar que a sua consciência faça o seu trabalho e lhe revele exatamente a quem defraudou e de que modo. O pecado gosta de se esconder do pecador; a voz da consciência pode ser facilmente abafada pelas muitas outras vozes que ouvimos à nossa volta, ou por aquelas que brotam do nosso interior.

Porém, o acontecimento importante teve lugar. Zaqueu encontrou-se com Jesus, num encontro cheio de alegre confiança. Por isso, pôde ver esse encontro libertador como um *acontecimento de fé*. A fé liberta a nossa consciência do cativeiro das mentiras, das desculpas e do esquecimento – e por isso cura, revive e faz-nos entrar na plenitude da verdade. Na Bíblia, a verdade é mais uma questão de viver dignamente do que de perceção intelectual; o Novo Testamento fala de "fazer a verdade", "viver a verdade", e não só de reconhecer a verdade ou de falar a verdade.

Viver a verdade significa agir de forma responsável, e não só reagir. A reação é um comportamento determinado pelo que é exterior, por outros, pelo seu comportamento e conduta. Agir de acordo com o princípio do "olho por olho, dente por dente" significa, ainda, atuar no campo da reação, em que a ação do outro determina a nossa. A ação genuinamente livre provém do interior, do santuário da consciência. No entanto, como já referi, a consciência tem de ser despertada e libertada; também deve ser alimentada e cultivada para poder amadurecer.

Outro sinal de verdade e de fé madura é o nível pelo qual a fé cria espaço para a consciência, o alcance que ilumina, desperta e reforça essa mesma consciência. Uma fé madura ajuda a consciência a amadurecer; a fé imatura não confia na consciência, e tenta substituí-la pela obediência mecânica a prescrições e proibições impostas do exterior.

Jesus também poderia ter dito a Zaqueu: "A tua fé tornou-te íntegro" ou, por outras palavras, "tu não te curaste a ti próprio" (pelo teu próprio poder), nem "Eu te curei" (a partir de fora e sem o teu envolvimento), mas "nós encontramo-nos de verdade um ao outro, e desse encontro nasceu uma fé que produz efeitos curativos e libertadores".

Qual foi o momento crucial do breve encontro de Jesus com Zaqueu, ou seja, o que é que provocou realmente a mudança de coração e de vida de Zaqueu – a sua *metanoia*, a sua conversão? Onde ocorreu a catarse, neste pequeno drama?

Recordemos outro episódio, relatado no Evangelho, acerca da cura pela fé. Trata-se de uma história fácil de menosprezar, porque o evangelista a inclui no contexto da narrativa acerca de um "grande milagre": a ressurreição da filha de Jairo. É a história de uma mulher que sofria de hemorragias havia doze anos. Sofrera muito às mãos de muitos médicos e gastara todas as suas economias com tratamentos, mas nada resultara.

> Tinha ouvido falar de Jesus. Aproximou-se dele, por detrás, no meio da multidão e tocou-lhe a roupa. Porque dizia: "Se ao menos tocar as suas roupas, serei salva". De fato, no mesmo instante se estancou o fluxo de sangue, e sentiu no corpo que estava curada do seu mal. Imediatamente, Jesus, sentindo que saíra dele uma força, voltou-se para a multidão e perguntou: "Quem tocou as minhas vestes?". Os discípulos responderam: "Vês que a multidão te comprime de todos os lados, e ainda perguntas: 'Quem me tocou?'" Mas ele continuava a olhar em volta, para ver aquela que tinha feito isso. Então, a mulher, cheia de medo e tremendo, sabendo o que lhe tinha acontecido, foi prostrar-se diante dele e disse toda a verdade. Disse-lhe ele: "Filha, a tua fé salvou-te; vai em paz e sê curada do teu mal".[8]

Aqui temos, mais uma vez, a história de uma pessoa chamada por Jesus do refúgio do seu anonimato que, mais tarde, diante de Jesus e do olhar dos outros, conta toda a sua verdade, finalmente revelada. Um teólogo contemporâneo oferece uma profunda interpretação psicológica da história.[9]

---

[8] Mc 5,25-34.
[9] DREWERMANN, E., *Wort des Heils – Wort der Heilung,* Düsseldord, 1990, pp. 87-92.

As hemorragias crônicas são uma das doenças ou distúrbios psicossomáticos que manifestam "a linguagem do corpo", aquilo que determinada pessoa empurrou para o seu inconsciente e sobre o qual não quer falar nem saber absolutamente nada. A mulher está ferida no próprio santuário da sua feminilidade, sendo muito provável que carregue dentro de si algum trauma sério sobre uma área íntima: a sua sexualidade. As suas hemorragias de muitos anos não só são fisicamente debilitantes, dolorosas e embaraçosas, mas também a privam do direito a qualquer tipo de intimidade, excluindo-a da companhia humana e religiosa.

Segundo os cânones judeus, uma mulher com hemorragias era ritualmente impura e não podia assistir ao culto na sinagoga; também não podia tocar em ninguém, e nem ser tocada. O seu desejo compulsivo de proximidade humana, de um toque humano, impele-a a realizar um ato que quebra o seu isolamento prescrito: ela toca em Jesus. Toca-lhe sub-repticiamente, por detrás, no meio da multidão. Porém, Jesus não quer que ela receba a sua cura dessa forma, por isso, procura o seu rosto, como se a "chamasse pelo nome", destruindo assim o seu anonimato. A pergunta de Jesus parece disparatada aos olhos dos discípulos: *toda a multidão* o pressiona de todos os lados, como é possível identificar o toque de uma única pessoa? Para Jesus, porém, ninguém se "afoga" e ninguém se perde no *meio da multidão*. Para ele, não existem pessoas nem toques anônimos, impessoais ou intercambiáveis. A mulher aproxima-se e, ao fim de vários anos escondida e isolada, "conta toda a verdade" diante de toda a gente. E, nesse momento de verdade, fica livre da sua doença.

A fé daquela mulher – que, segundo Jesus, a salvou – já se manifestara, porém, quando ela o tocara, nesse gesto louco cheio de esperança e de confiança. Fora um ato contra a Lei. Afinal, o seu toque tornara Jesus ritualmente impuro! Fora um pecado, segundo as interpretações estritas da Lei. Contudo, Jesus percebeu o que ela estava querendo expressar com o seu ato e interpretou-o como um ato de salvação. Aquilo que ela começara a dizer na sua linguagem corporal – que, até então, se manifestara apenas com sangue e dor – acabou em palavras, quando ela se prostrou diante de Jesus e "lhe contou toda a verdade".

A fé daquela mulher – tal como a de Zaqueu – não é uma "adesão racional às verdades da fé"; não tem nada a ver com uma convicção racional e não pode ser expressa através de fórmulas dogmáticas. Brota do seu desejo, uma parte do qual é confiança. Acontece como parte de um "encontro face a face" inesperado, não planejado e (pelo menos de modo consciente) indesejado – e culmina na coragem de enfrentar a verdade.

Aquelas pessoas sentiam, de fato, o *poder* de Jesus. Sentiam que ele era uma pessoa que falava e agia "com autoridade, e não como os seus escribas".[10] Viam-se forçados a reconhecer ainda que o seu poder era de uma ordem diferente do poder exercido pelos poderosos deste mundo, habitualmente associado à violência e opressão. Zaqueu, a mulher curada das suas hemorragias e muitos outros com quem Jesus se encontra não são capazes nem sentem a necessidade de exprimir a sua experiência com Jesus sob a forma de uma confissão como a de Pedro em Cesareia de Filipe,[11] e ainda menos na linguagem teológica e dogmática utilizada pela Igreja em séculos posteriores.

Quando, nos seus encontros com Jesus, como lemos nos Evangelhos, as pessoas vislumbravam e experimentavam o relâmpago do poder divino e a plenitude magnificente de Deus, costumavam expressá-lo com gestos (como cair de rosto por terra, ajoelhar-se ou inclinar-se) e com gritos de alegria ("*Rabuni!*"/"Meu Senhor e meu Deus!"), e não com elaborados termos e teorias teológicas. A profissão de fé da hemorroíssa foi o seu toque furtivo (que, como referimos, era problemático em termos religiosos, além de ser ritualmente impuro). O gesto de Zaqueu é a sua descida do cimo da árvore, e a sua profissão de fé é a sua decisão de reconstruir a sua vida – e a relação com os seus bens –, segundo o espírito de justiça e de expiação.

---

[10] Mt 7,29.
[11] Mt 16,13-20.

A forma como ele recebe Jesus não encerra profundas especulações sobre a essência de Jesus ou sobre o próprio ensinamento de Cristo; Zaqueu limita-se a abrir a porta de sua casa, abertura precedida pelo pedido surpreendente de Jesus, no sentido de passar algum tempo na sua companhia. A Escritura não nos diz se Zaqueu ou a mulher curada das suas hemorragias viram em Jesus o Messias prometido dos judeus, sendo improvável que pudessem entender as expressões "Filho unigênito de Deus" ou "Deus feito homem". Apesar disso, ao confiar naquele homem, eles também experimentaram, à sua maneira, que "quem me viu, viu o Pai",[12] que as palavras e os atos de Jesus, toda a sua humanidade, são "uma janela através da qual os seres humanos podem ver Deus em ação".

Embora seja verdade que os nossos conceitos teológicos e as teorias que apresentamos nos nossos esforços por expressar o mistério de Jesus se baseiam na terminologia filosófica dos séculos subsequentes, em certo sentido, elas estão mais profundamente enraizadas nestas histórias do Evangelho e nos acontecimentos por elas revelados. Transmitir ensinamentos sobre a divindade de Jesus não foi o que brotou inicialmente das mentes dos teólogos; isso foi precedido pelo grito jubiloso de Tomé, "Meu Senhor e meu Deus", ao tocar as feridas de Cristo ressuscitado. Não era certamente intenção de Tomé transmitir um juízo metafísico sobre a natureza de Jesus; ele deixou, pura e simplesmente, que a sua alegria transbordasse, tentando encontrar espontaneamente as expressões do seu próprio vocabulário, que naquele momento lhe parecessem mais adequadas para exprimir uma alegria tão imensa.

Talvez às vezes devêssemos tentar renovar a nossa linguagem religiosa mergulhando aquelas expressões de que tantas vezes abusamos e as nossas definições empoeiradas nessa fonte original da fé, na alegria libertadora que transforma a vida experimentada por pessoas tais como o apóstolo Tomé, Maria Madalena, a apóstola dos apóstolos, Zaqueu, ou a mulher curada das hemorragias, nos seus encontros com Jesus. Talvez então se

---

[12] Jo 14,9.

tornasse mais fácil, para nós, animar os Zaqueus dos nossos dias a sair dos seus esconderijos e a mudar as suas vidas. Talvez então pudéssemos entender melhor a silenciosa linguagem dos toques furtivos e nos tornássemos capazes de criar um espaço de confiança, em que as pessoas pudessem dizer toda a sua verdade e serem curadas dos seus males.

Enquanto estava contando a história de Zaqueu aos membros do parlamento tcheco, também me ocorreu que a Igreja do nosso país deve mais qualquer coisa à sociedade, além de "interpelar Zaqueu". Sinto que falhamos em uma coisa que constitui uma das tarefas básicas dos cristãos – e que, afinal, também tem a ver com a história de Zaqueu –, *sermos peritos no campo do perdão e da reconciliação*.

Houve uma época em que pensava que um dos desafios morais mais duros – mas também uma das maiores oportunidades de ser moralmente adulto – era conservar a própria integridade em tempos de perseguição, durante um período em que a liberdade nos era negada. Mais tarde, percebi que é ainda mais difícil fazê-lo no limiar da liberdade recém-restaurada.

Após a queda de um regime totalitário ou no fim de uma guerra civil, os heróis e as vítimas da era anterior ficam misturados em uma única sociedade com os culpados e os colaboradores, e com aqueles que conseguiram "sobreviver" à custa de várias cedências, tanto reconhecidas como ignoradas. Quando as ruínas e as barricadas começam a ser removidas – incluindo as que permaneceram dentro das próprias pessoas –, toda a sociedade fica imunda, por algum tempo, devido a toda a poeira levantada no processo. No fim de uma batalha, nem os vencedores nem os vencidos costumam estar limpos; é necessário proceder a uma limpeza geral, a fundo. Mas cuidado com aqueles que tentam levar a cabo uma tarefa tão exigente demasiado cedo e com uma veemência excessiva!

Nem sempre é fácil distinguir entre aqueles que eram o sustentáculo da ditadura e aqueles que agiram segundo as suas sinceras convicções

– embora, em nosso entender, completamente erradas –, e aqueles que procuravam apenas cinicamente a si próprios, aqueles que seduziram outros e aqueles que foram ingenuamente seduzidos.

Como podemos distinguir entre os que se foram desviando gradualmente do regime por terem reconhecido o seu erro e por terem despertado sua consciência e aqueles que, no fim, passaram para a oposição, só porque tinham sido postos de lado, por já não serem úteis a quem estava no poder.

Além disso, muitos anos mais tarde, poderão aparecer documentos que revelarão as falhas de alguns daqueles que eram vistos como pessoas "decentes" e "impecáveis", até mesmo entre os que eram considerados adversários ativos do regime, e, muitas vezes, se descobriu que eles tinham ocultado cuidadosamente o seu comportamento, não só dos outros, mas até das próprias consciências. Finalmente, após a queda de uma ditadura, é muito frequente verificar que os juízes e os vingadores mais radicais incluem aqueles que falharam vergonhosamente e que agora tentam justificar a si próprios e a outros, e arranjar um *alibi post facto*.

No nosso país, a transição da ditadura para a democracia teve lugar sem uma fase de ajuste de contas revolucionário. Não houve um "período jacobino", nada de semelhante aos julgamentos de Nuremberg. Ninguém sofreu o mínimo dano, não foi derramada uma gota de sangue. O mundo falou, com apreço, da Revolução de Veludo, que teve lugar como um festival de rua de curta duração. Foi certamente bom sinal que não se tenha verificado nenhum "espírito de vingança" nem se tenha desencadeado nenhuma "caça às bruxas". Mas terá sido realmente uma questão de perdão e reconciliação? Não terá sucedido, antes, o outro extremo (o oposto de um ajuste de contas assassino), ou seja, *o menosprezo da culpa*? O *slogan* "vamos pôr um ponto final no passado" era certamente bem-intencionado: não nos vinguemos, não paguemos o mal com o mal, "não sejamos como eles". No entanto, acabou por ser interpretado e implementado como: vamos esquecer tudo o mais depressa e o mais completamente possível!

Algo de semelhante ocorreu em quase todos os países pós-comunistas. Como poupamos a nós próprios o doloroso processo da reconciliação e da cura na nossa sociedade, essa sociedade ficou moralmente debilitada. As feridas não foram curadas, mas simplesmente encobertas... E começaram a infectar; o veneno foi-se espalhando, pouco a pouco, por todo o organismo. A neblina que nos dera a ilusão de ter sido criada uma unidade aparente e em que a diferença entre dissidente e informador foi rapidamente apagada não compensou: tornou-se mais densa, e a luz da verdade começou a dissipar-se.

No meio dessa neblina, a antiga elite política foi deslizando silenciosamente do mundo do poder político e policial para o campo do poder econômico e, graças ao seu capital acumulado de dinheiro, contatos e informações, começou de novo a dominar a sociedade.

Não há dúvida de que a convicção de que "ninguém era completamente branco ou completamente negro" estava correta na sua essência. Contudo, em vez de isso encorajar a compreensão entre as pessoas, criou apenas um nevoeiro cinzento mais denso, em que a barreira entre a verdade e as mentiras ia sendo cada vez mais apagada. O receio de juízos demasiado simples conduziu a uma perda do juízo são e a uma perigosa relativização de todos os valores morais.

É certamente bom que o domínio de uma ideologia não tenha dado origem ao domínio de uma ideologia diferente, igualmente intolerante e unilateral. Contudo, o princípio do "vale tudo" abriu as portas a forças que começaram a transformar, lentamente, a liberdade em caos e a oferecer argumentos adicionais aos inimigos da democracia e da sociedade aberta. Os que chamavam a atenção para essa situação e para os riscos que ela implicava eram desprezados e ridicularizados, por muitos, como moralistas ingenuamente idealistas, tornando-se suspeitos de querer ameaçar e restringir a liberdade – de modo particular para aqueles que estavam realmente a ameaçar e a utilizar mal a liberdade.

Muitos acreditavam (e continuam a acreditar) que a sociedade tcheca conteria sempre um certo resíduo de cultura democrática, que impediria que a situação se deteriorasse tanto, no limiar do novo milênio, como se deteriorara nos países circundantes, sobretudo na Rússia e nas ex-repúblicas soviéticas. Mas essa cultura democrática não se teria já perdido há muito tempo, logo após a Segunda Guerra Mundial, quando uma vaga de evolução terrivelmente destrutiva chegou até nós vinda da Rússia, evolução essa que quase toda a gente, nesse tempo, pensava que assumiria uma forma diferente no nosso país, uma forma mais moderada e civilizada, quando se julgava que no nosso país se estabeleceria um comunismo com um rosto mais democrático e mais humano? Em certo sentido – e de modo particular nas suas relações com as Igrejas e com a religião –, o comunismo comportou-se no nosso país de forma ainda menos humana do que em qualquer um dos países vizinhos.

Outros afirmam que os escândalos e a corrupção constituem uma característica sempre presente da democracia, e não apenas nas suas fases iniciais, ainda hesitantes, que constituem uma questão ardente, sobretudo hoje em dia, até mesmo nas "velhas democracias já maduras" – em outras palavras, aquilo com que hoje nos confrontamos nos países pós-comunistas não nos deveria perturbar muito. Podemos assumir que muitos dos fenômenos negativos ocorridos não só por detrás dos muros impenetráveis dos regimes totalitários, mas também no espaço aberto das sociedades livres – e o fato de sermos confrontados com eles com maior frequência e visibilidade –, devem-se sobretudo porque as coisas são mais divulgadas na nossa época, através dos meios de comunicação social.

Além disso, temos nos tornado, pouco a pouco, cada vez mais envolvidos na sociedade global, em que a democracia clássica está logicamente a entrar em crise. Somos capazes de lidar com mecanismos democráticos no âmbito de Estados-nação, mas, quer queiramos quer não, o seu papel tem claramente enfraquecido. As corporações supranacionais – que operam em áreas fora do alcance da democracia clássica – continuarão a deter um poder decisivo nas esferas econômicas e políticas.

Os cidadãos, em particular de países menores, têm cada vez mais consciência do poder decrescente dos representantes por eles eleitos; por isso, sobretudo entre as gerações mais jovens, cada vez está-se menos preparado ou disposto a participar nas eleições e a deixar-se envolver, pelo menos dessa forma, na vida política. A política tem se tornado parte do *show business*, e cada vez mais cidadãos a seguem com desinteresse, tédio e desagrado, através do espelho dos meios de comunicação, ou se limitam a contar anedotas e a fazer comentários irônicos ou indignados acerca dela, tal como fazem durante os programas desportivos na televisão, mas sem se sentirem minimamente coatores na mesma.

Não se sentem de modo algum atraídos por esse "jogo", não sentem minimamente uma responsabilidade partilhada. Não se sentem de maneira nenhuma "chamados pelo nome". Contudo, enquanto as ditaduras e os regimes totalitários se alimentam largamente da passividade política da maioria dos cidadãos, a sobrevivência da democracia depende de que a proporção de oportunistas, que não estão dispostos a investir a sua energia na vida cívica, não exceda certa porcentagem tolerável.

A vitória das ditaduras sobre os regimes democráticos – até a presente data, sempre apenas temporária, graças a Deus – tem-se verificado, em todos os casos, que a forma específica de democracia perde a sua credibilidade aos olhos de um grande número de cidadãos.

A credibilidade das jovens democracias, no mundo pós-comunista, também depende de como elas conseguem "reconciliar-se com o passado", com o legado moral dos regimes totalitários, de como conseguem unir uma sociedade dividida sem incorrer num ajuste de contas sangrento ou numa cínica ilibação de culpas.

Recordo algumas conversas com o embaixador americano em Praga sobre o fim do *apartheid* na África do Sul e sobre como os "rituais de reconciliação" ali ocorridos estavam enraizados no *ethos* da fé cristã. Ele perguntou-me por que razão algo semelhante não estava acontecendo no mundo pós-comunista.[13] Essas conversas tiveram lugar há vários anos, antes da lamentável guerra do Iraque. Hoje, certamente lhe perguntaria se essa guerra, seja qual for o seu desfecho, não terá deixado a sociedade gravemente dividida, não só no Iraque, mas também nos Estados Unidos. Não terá a América de sofrer também uma catarse imensa, ainda mais profunda do que aquela que aconteceu depois da Guerra do Vietnã ou do caso Watergate? Porventura a necessidade de reconciliação e cura, de que agora falamos em relação ao mundo pós-comunista, não será também uma questão a ser abordada pela nação americana dentro em breve?

Sim, nós, os cristãos, devemos estar à altura da situação como "peritos em reconciliação", para mostrar, na prática – começando por coisas que acontecem nas fileiras das nossas próprias Igrejas –, que o perdão e a reconciliação são bastante diferentes dos atos míopes e despreocupados do "esquecimento" ou do "virar a casaca". Trata-se de um processo de renascimento em um longo prazo, que pode ser tão exigente, duro e doloroso como o próprio nascimento. Implica reconhecer e confessar as faltas e um processo de penitência – ao fim do qual, os antigos culpados poderão emergir como seres humanos mais profundos e autênticos do que aqueles que no passado se deixavam simplesmente levar pela maré e que nunca "sujavam as mãos" nem "perdiam a cabeça". Aqui também é relevante aquilo que o Evangelho diz sobre como e quando uma mulher está em trabalho de parto: sente angústia porque chegou a sua hora, mas, depois de ter dado à luz, já não se lembra da dor, pela alegria de ter vindo ao mundo uma criança. Espero que esse momento de dor não seja precipitadamente ultrapassado ou descuidadamente esquecido... Caso contrário, poderiam abortar as esperanças de uma nova vida e de um novo começo.

Acreditamos que o perdão de Deus é um dom da graça, concedido de forma gratuita e sem a pressuposição de mérito, e que só é necessário

---

[13] Temos recebido notícias da África do Sul, cada vez com mais frequência, de como, apesar dos esforços feitos pela célebre Comissão Verdade e Reconciliação (inspirada pelo Arcebispo Desmond Tutu), muitos conflitos continuam por resolver e inúmeras "feridas do passado" continuam abertas e por cicatrizar.

expor-lhe o nosso coração. No entanto, o perdão e a reconciliação como processo interpessoal e social constitui uma árdua atividade. Como cristãos, perdoar é um dos nossos deveres morais fundamentais – mas apresso-me a acrescentar que, em certas circunstâncias, pode ser uma tarefa muito árdua. "A memória curativa" – uma das expressões preferidas do Papa João Paulo II em relação à penitência da Igreja, antes de entrar no novo milênio – implica uma disponibilidade não só para transferir os inúmeros traumas e as dolorosas memórias das afrontas sofridas para o subconsciente. Aplica-se tanto à memória dos indivíduos como à "memória coletiva", que é essencial para a cultura da sociedade, para formar e preservar a sua identidade.

Sempre que as mudanças sociais dramáticas não tenham dado origem a debate público sobre o passado, incluindo os seus aspectos dolorosos, sombrios e carregados de sentimentos de culpa, sempre que não tenha havido verbalização do que não fora dito e que poderia conduzir à catarse e reconciliação, a "divisão da memória" permanece. Assim, permanece também uma divisão profunda da sociedade, por muito disfarçada que esteja pelo "esquecimento" e pelo "perdão fingido". A nação – tal como a Igreja – é uma "comunidade de memória". O passado precisa ser objeto de reflexão e de transformação – através da arte, do debate público, da investigação histórica e da preservação de "lugares de memória" etc. – para que se possa tornar parte da memória coletiva. Se a sociedade não conseguir relacionar-se assim com o seu passado, ocorre uma fragmentação da memória. Afinal, cada grupo experimentou o passado de uma forma diferente e, a partir de um ponto de vista diferente, recorda-o de modo diferente, e se não houver diálogo social, essa permanente fragmentação da memória impede a cura e a reparação real da sociedade.

Há certas faltas passadas, feridas não cicatrizadas de outrora (e os crimes dos regimes totalitários contam-se sem dúvida entre elas), que são impossíveis de reparar e de redimir de uma forma simples; são faltas difíceis de "esquecer" – que, em certo sentido, não devem ser esquecidas – e que não podem ser sanadas, nem sequer pelos habituais mecanismos da lei, dos tribunais e das penas. Há faltas que "bradam aos céus". Nessas situações específicas, em que os instrumentos jurídicos humanos e a terapia social do debate público se esgotaram, é apropriado um ato indispensável de natureza espiritual, nomeadamente o perdão. Não se trata, de modo algum, de uma questão de esquecimento desinteressado, mas de renúncia consciente a julgar o outro, remetendo tudo à competência daquela sede de justiça e de misericórdia que "este mundo" não tem à sua disposição.

Recorda o teólogo Johann Baptist Metz que, embora as nações circundantes tivessem as suas mitologias consoladoras que explicavam de várias formas os horrores da história, o Israel bíblico continuava a ser uma "paisagem de desolação". Os salmos e os profetas não oferecem racionalizações apaziguadoras daquilo que aconteceu; em vez disso, apresentam o grito de um povo sofredor, dirigido àquele *que está para vir*. Aquilo que nenhuma justiça ou poder humano é capaz de remediar ou de curar deve ser deixado em aberto para Deus, até o momento do juízo escatológico.

A história de Zaqueu é uma história de conversão, de perdão, de penitência e de acolhimento renovado. É uma história de reconciliação e de salvação: "Porque o Filho do Homem veio procurar e salvar o que estava perdido".

No relato da conversão de Zaqueu feito por Lucas não se menciona a contrição, no sentido de "sentimentos de penitência", que tantas homilias e escritos piedosos têm tentado forjar com grande fervor.

Zaqueu não está delirando: quando ele diz que vai dar metade dos seus bens aos pobres e restituir quatro vezes mais àqueles a quem defraudara, isso se deve à alegria esfuziante que sente por ter Jesus em sua casa. Ele age, sobretudo, como aquele homem da parábola de Jesus que encontrou um tesouro escondido num campo e, na sua alegria, vendeu tudo para poder comprar o campo, adquirindo assim a sua preciosa descoberta.

O jesuíta indiano Anthony de Mello chamou a atenção para o fato de que em parte nenhuma dos Evangelhos Jesus ter pedido aos pecadores que manifestassem remorsos: não há lugar para remorsos no processo de conversão. Esse processo é um acontecimento de profunda alegria. A aflição suscitada pelo pecado sempre se misturou com a alegria e a gratidão pelo dom do perdão e pela sua generosa aceitação. As pessoas só podem aperceber-se do seu pecado se já se encontrarem fora da cela tenebrosa do pecado; elas só podem ver o pecado à luz da misericórdia. Geralmente, os pecadores não veem o seu pecado, ou não o veem com verdade; estão enredados na escuridão. Ver os próprios pecados com verdadeira clareza é um privilégio dos santos. Muitas vezes, estes choravam com sinceridade os seus pecados, mas, simultaneamente, sabiam louvar a Deus pela sua misericórdia.

Se vejo o meu pecado, não devo deixar que a visão do mesmo me seduza ou deixe consternado, em vez disso, devo voltar-me para a fonte de luz que me permitiu vê-lo e reconhecê-lo. Se estivéssemos sempre a olhar para trás, poderíamos acabar como a mulher de Lot, transformados em "colunas de sal", e não no *sal da terra*.

Sim, há momentos em que olhamos para as nossas faltas e descobrimos que, nesse preciso momento, não temos nada a oferecer a Deus a não ser um coração despedaçado, como canta o famoso salmo de arrependimento de Davi.

No entanto, nessa história sobre o pecado e o arrependimento de Davi, com a qual o referido salmo é geralmente associado, lemos que no preciso momento em que os servos esperavam que Davi mergulhasse na depressão mais profunda, ele parou de chorar e de jejuar, lavou o rosto e sentou-se à mesa para comer, a fim de se fortalecer para a sua nova vida.

De Mello acredita que, em vez de sublinhar o remorso como o principal componente do processo de arrependimento e conversão, os nossos catecismos deveriam pôr em destaque a confiança no poder do perdão de Deus e na disponibilidade para perdoar nossos inimigos. A incapacidade de confiar no poder de Deus para fazer algo substancial com o mundo e comigo mesmo é considerada, por esse jesuíta indiano, o único pecado verdadeiramente trágico: "um pecado contra o Espírito Santo".

Um passo indispensável no caminho do perdão e da reconciliação é uma firme determinação de não nos deixarmos arrastar para a espiral de vingança que amplia dramaticamente as afrontas sofridas. Nem sequer é suficiente querer deter o espírito de vingança que nunca deixa de apelar à multiplicação do mal, dentro dos limites da simples justiça: "olho por olho e dente por dente" (e nada mais). De fato, mesmo neste caso, trata-se de um comportamento determinado pelo outro, de um critério que nos é imposto a partir de fora.

Foi por isso que Jesus contrapôs ao princípio do "olho por olho" a regra "como Deus me trata a mim, assim eu te tratarei a ti", e demonstrou que todos nós vivemos do dom do perdão generoso de Deus, da paciência de Deus.

E, se tenho a paciência de Deus comigo, por que não hei de tolerar a fraqueza do meu próximo? Por que hei de tentar desempenhar o papel de um juiz onisciente? Não deveria antes corrigir, com a minha experiência, alguém dominado pelo mal, mostrando-lhe um tipo de reação completamente diferente, uma qualidade de comportamento completamente diversa?

Jesus, porém, não é ingênuo, não tenta transmitir-nos a convicção ingênua de que o amor generoso sempre nos compensará. Esse tipo de atitude deve preparar para o sacrifício, para a derrota – e, no mínimo, nós seremos vistos como patetas ingênuos, tal como ele o foi –, e assume, portanto, uma grande força moral e uma grande liberdade em relação aos nossos cálculos egoístas. Apesar disso, só uma coragem assim é capaz de conduzir o mundo para fora da espiral de ódio e violência iniciada por Satanás.

"*S'ist schwer zu sein a Jid*" – é duro ser judeu – é o que diz, em várias ocasiões, um dos meus mais queridos amigos judeus, com o típico sorriso pesaroso do seu povo. Também não é particularmente fácil ser cristão, se lermos o Evangelho com atenção e o levarmos a sério. Só pelo poder de um grande amor e pela fé perseverante é que essa cruz se pode tornar "um jugo suave".[14] Contudo, não nos devemos transformar em traidores nem desertar da batalha contínua contra o mal em que as histórias da nossa vida estão enraizadas. Só se nos recusarmos a deixar o mal manipular-nos, forçando-nos a adotar os seus métodos e o seu estilo de combate, poderemos receber, finalmente, o *amuleto branco* no qual leremos por fim aquilo que realmente somos.

---

[14] Cf. Mt 11,30.

CAPÍTULO 11

São Zaqueu

Ao chegar ao fim das minhas reflexões, gostaria de sugerir outra versão dos apócrifos acerca de Zaqueu.

Zaqueu cumpriu tudo o que prometera solenemente a Jesus... E fez muitas outras coisas boas, além disso. Morreu em idade avançada, rodeado pelo amor da sua família e pela gratidão dos seus conterrâneos de Jericó e das cercanias. Nele se cumpriu a promessa de que, como filho de Abraão, receberia a salvação. Repousa agora no seio de Abraão, embora, devido a vários importantes obstáculos burocráticos (como o fato de não ter sido batizado), não possa ser declarado santo pela Congregação do Vaticano competente; Jesus não só não lhe negou uma auréola, mas até lhe confiou uma missão bastante específica na comunicação entre o céu e a terra: São Zaqueu tornou-se o padroeiro e o protetor dos eternos buscadores, dos "vigilantes". E, para nossa surpresa, o seu papel não é *convertê-los* (qualquer velho santo poderia fazê-lo), mas velar pela sua paciência na antecâmara da fé. Afinal, Deus tem de ter "dos seus" mesmo fora dos edifícios das igrejas; aliás, também os tem nos intrincados labirintos da busca, em que os "piedosos" nunca se perderam nem sequer se aventuraram... E é aí que os filhos de Deus também precisam de alguém que os proteja e interceda por eles. Até na "outra margem" há muitos daqueles a quem as palavras de Jesus "não estais longe do Reino de Deus" também se aplicam.

Quem deverá transmitir-lhes essas palavras, se não nós? Mas como poderemos fazê-lo, a fim de que as notícias sejam realmente uma mensagem de alegria? Como é que o anúncio de Jesus lhes deve ser dirigido, tratando-os *pelo nome*, de tal modo que aquilo que eles ouvem dos nossos lábios não os afugente? Como podemos garantir que é aceito de verdade como um convite amigo que apela à sua liberdade e não como uma tentativa invasiva de fazer deles prosélitos, como uma apropriação arrogante daqueles que não nos querem pertencer? Como devemos mostrar-lhes não só tato e "visão pastoral", mas também o amor que – segundo Levinas – permite aos outros serem diferentes, respeita a sua diferença e não tenta apagar todas as diferenças e convertê-los de imediato para o nosso lado?

Quando o autor católico François Mauriac leu determinado texto do filósofo Gabriel Marcel, escreveu-lhe, perguntando: "Meu filho, por que é que ainda não és um dos nossos?". Marcel discerniu nisso uma chamada de Deus, converteu-se e foi batizado. Poderá ser assim tão fácil, será esse o caminho certo? De vez em quando, também me pego a dizer, quando observo certas pessoas: meu filho, por que é que ainda não és um dos nossos? Digo-o, muitas vezes, não só em relação àqueles que vejo timidamente de pé, no pórtico da igreja, como eu próprio estava antigamente, mas também no caso de muita gente que começou a refletir, séria e honestamente, sobre questões importantes, ou que experimenta profundamente algum tipo de felicidade ou desgosto genuíno.

Conheço estas coisas de serem lidas na inspirada obra de C. S. Lewis, *Vorazmente teu*, que ofereço a cada novo convertido como leitura obrigatória. Nela, o jovem e inexperiente demônio, a quem fora confiada a missão de tentar um jovem intelectual cristão convertido, gaba-se dos seus êxitos, mas é sempre e imediatamente repreendido pelo seu experiente tio, membro mais antigo da hierarquia satânica.

Quando o jovem demônio se vangloria pelo fato de o seu pupilo andar refletindo sobre um livro de um filósofo ateu, o velho demônio fica horrorizado: Não o deixes! Quem quer que raciocine, de fato, já está no território do Inimigo (de Deus)! O nosso território é o reino dos *slogans* simples, tais como "Isso não é científico! Isso é antiquado" etc. (Esse medo do estudo de filósofos ateus faz lembrar aquilo que o padre Tischner costumava dizer, que nunca tinha encontrado ninguém que tivesse abandonado a fé por ter lido *O Capital* de Marx, embora conhecesse muita gente que a tinha abandonado como resultado da estúpida pregação do seu pároco.)

O demônio mais antigo também achava perigoso que as pessoas sentissem um desgosto genuíno, uma verdadeira alegria ou até o simples prazer de um tranquilo passeio de outono, passando por um velho moinho, porque isso poderia torná-los mais próximos do Inimigo "lá de cima". "Lá embaixo", os demônios rejubilam quando, em vez de uma verdadeira tristeza ou de uma verdadeira alegria, as pessoas cultivam nas suas almas o desânimo, o cansaço da vida e a autocomiseração, aquilo a que os tchecos chamam "um estado de espírito podre", referido certo dia em determinado discurso de Václav Havel.

Eis um terreno perfeito em que os demônios podem verdadeiramente deleitar-se, em que os seus sussurros podem criar raízes e espalhar-se "como cogumelos depois da chuva", como também dizemos no nosso país.

Como e quando devemos chegar a dizer aos "afastados" que eles estão realmente próximos de nós – e será que devemos mesmo dizer-lho – sem os afugentarmos? Que as orações de São Zaqueu nos deem sabedoria!

Nas orações de Teresa de Lisieux – que só Deus conhecia, e de que nós só viríamos a ter notícia muitos anos mais tarde, através do seu diário, e depois de o véu de censura ter sido levantado do mesmo, bem como a enjoativa cobertura açucarada dos seus piedosos editores –, ela acolheu esses afastados em silêncio, na sua dor, na sua solidariedade e à sua mesa. Ela teve "os pensamentos dos piores materialistas" e rezou pelos seus irmãos ateus, sem que eles disso se desconfiassem minimamente... Será isso bom ou mau?

É possível que a ideia de Teresa de que os ateus ainda se encontravam nas trevas – embora não tivessem consciência desse fato porque, ao contrário dela, ainda não tinham experimentado a proximidade de Deus – pudesse ter exasperado e alienado ainda mais esses ateus, que se consideravam iluminados. Ao ler essas palavras comoventes da monja moribunda, muitas vezes me tocou, *a posteriori* (porque sou constantemente assaltado pelos "argumentos dos piores céticos"), que até essas palavras poderiam ser interpretadas como uma expressão do infeliz impulso de muitos cristãos que, como comentou Dietrich Bonhoeffer com sarcasmo, tentam persuadir uma pessoa feliz de que ela é infeliz, e tentam fazer as pessoas caírem de joelhos, vociferando em duas rajadas: "Sois pecadores!" e "Ides morrer!" – antes de puxarem da sua benévola receita de salvação. Bonhoeffer apela aos cristãos para que desistam da sua intromissão *voyeurista* nos pecados e nas fraquezas do ser humano, falando antes às pessoas de boa-fé quando estas estão fortes e não só quando estão fracas, quando estão felizes e não só quando estão lavadas em lágrimas.

Por vezes, como é óbvio, é necessário ajudar as pessoas a retirar os óculos cor-de-rosa do otimismo, a desligar a luz artificial que distorce as imagens e a olhar também para as verdades desagradáveis, e utilizar essa arte que a fé tem de *reinterpretar*, de mostrar a outra face das coisas. Era uma arte dominada pelos profetas de Israel – que, por vezes, os tornava muito impopulares –, quando, em momentos de tristeza, eles traziam a consolação, enquanto, em momentos de falsa paz, eram capazes de gritar ao mundo que isso não era paz. (Nesse sentido, a fé potente e profética pode prestar um serviço semelhante ao da arte potente e profética, em particular da literatura, da pintura ou do cinema criativo.)

Nietzsche era um desmistificador consumado, um apaixonado desmascarador de ilusões, um mestre na arte de mostrar a outra face das coisas e de revelar o oposto daquilo que muitas coisas pareciam ser e da forma como elas se apresentavam. Era capaz de revelar o "niilismo" como a base oculta de toda a tradição metafísica do Ocidente, ou o ressentimento e o "espírito de vingança" subjacentes à ética cristã da compaixão. Será que ele se conhecia, pelo menos em algum recanto da sua alma, ou que alguém tentava dizer-lhe que a sua rejeição da compaixão ocultaria, possivelmente, um apaixonado "gênio de compaixão"? Ou não teria ele sugerido isso vagamente na sua afirmação de que Zaratustra era "o mais piedoso de todos os que não acreditam em Deus"?

Teresa de Lisieux passou pela sua Sexta-feira Santa, quando os seus vômitos de sangue revelaram a verdade da sua doença e deram passagem ao seu último ano de escuridão e de provas interiores, poucos meses depois da Sexta-feira Santa de Nietzsche, aquele momento em Turim em que o filósofo se precipitou para proteger um cavalo da chibata do cocheiro, um acontecimento que desencadeou a sua loucura. Ambos viriam a conhecer o seu "Sábado Santo", o tempo do maior ocultamento de Deus, o dia à sombra da cruz, em que a Ressurreição, apesar de próxima, parece estar fora do alcance da visão, escondida por meras ilusões e por expectativas frustradas. Foi um período em que o perturbado Nietzsche assinava como "O Crucificado" ou "Dionísio", e em que Teresa sofria a sua "noite do nada", em que "comia o pão das lágrimas" e era assaltada pelos "argumentos dos piores materialistas".

Em que consistia a loucura de Nietzsche e qual era o significado do acontecimento que deu entrada à mesma? Seria a perturbação de Nietzsche apenas a "superestrutura" mental de uma doença orgânica, ou seria a sua loucura apenas fingida ou simulada, como alguns têm sugerido? Seria castigo divino pela sua blasfêmia, como alguns cristãos gostavam de pensar? Ou seria porventura um estranho tipo daquela *mania*, daquela possessão divina que Platão menciona como um dos caminhos para se chegar a compreender e a sentir as coisas mais fundamentais?

No seu excelente estudo sobre Nietzsche e Dostoievski,[1] Richard E. Friedman começa por pôr em destaque a semelhança impressionante entre aquilo que sucedeu em Turim e o sonho que Raskolnikov tem na noite anterior ao assassinato (e que aparentemente refletiria alguma recordação traumática da infância de Dostoievski), em que um rapazinho tentava em vão impedir que um cocheiro embriagado chicoteasse até a morte o seu cavalo exausto. Friedman prossegue utilizando o estudo de Freud sobre

---

[1] R. E. FRIEDMAN, *The Disappearance of God*, Boston, Little, Brown, 1995, pp. 188-192.

"o caso do jovem Hans" (um rapaz que sofria de uma fobia relacionada com cavalos) e a peça *Equus* de Peter Shaffer (sobre um rapaz que cria a sua própria religião – culto do cavalo – depois de o seu pai ateu ter arrancado um crucifixo da parede), a fim de demonstrar, mediante uma análise magistral, que na imaginação dos rapazes o cavalo simboliza muitas vezes o pai e de como a experiência das pessoas com o seu próprio pai afeta o seu conceito de Deus.

Tenho refletido muitas vezes sobre esse fatídico impulso de compaixão que acabaria por lançar Nietzsche – que tantas vezes vacilava à beira de vulcões não extintos – no interior do vulcão da loucura. No final das contas, a compaixão era precisamente a emoção pela qual Nietzsche recriminava o Cristianismo! Não tinha ele próprio escrito no certificado da morte de Deus, em Zaratustra, o diagnóstico: "Foi da sua piedade pelo homem que Deus morreu"?

Mas talvez o próprio Nietzsche, no âmago do seu coração – já na orla do seu consciente –, transbordasse de compaixão (talvez fosse um *gênio de compaixão*), até que um dia essa compaixão reprimida explodiu e inundou o seu consciente com a lava ardente e as poeiras dessa explosão. Será que conseguimos detectar, subjacente a tudo isso, a Pompeia da sua compaixão? "Foi da sua piedade pelo homem que Deus morreu"; não terá Nietzsche enlouquecido pela sua compaixão excessiva, uma compaixão ilimitada e abrangente, que nem ele próprio reconhecia, talvez até uma compaixão por um Deus que toda a gente (incluindo os seus adoradores) tinha esquecido?

A experiência de Turim de Nietzsche é semelhante a uma conversão, àquelas conversões fulgurantes como a de Agostinho. Mas, no caso de Nietzsche, todas as coisas devem ser sempre ao contrário: em vez de iluminação, escuridão, em vez de luz, trevas. Ou talvez ele já tivesse rejeitado tantas vezes o apelo de *"tole, lege"* – toma e lê –, que Agostinho decifrara em uma canção infantil escutada em um jardim, que a sua *anticonversão* teve de se dar? Talvez não tivesse havido, anteriormente, nenhum verdadeiro cristão por perto para lhe mostrar que os seus ataques frenéticos contra a fé e a compaixão eram uma forma de resistir à compaixão e à fé que ele transportava no profundo de si mesmo, ninguém que se atrevesse a perguntar-lhe ainda a tempo: "Meu filho, por que é que ainda não és um de nós?", ou a dizer-lhe: "Não estás longe do Reino de Deus!". Não haveria de fato nenhum cristão disposto a mostrar-lhe que eles estavam sentados à mesma mesa, comendo juntos "o pão das lágrimas"?

Ou seria a loucura de Nietzsche apenas uma farsa? Porventura podia ter sido uma representação profética que pretendesse convencer o mundo de sua época da sua própria loucura, tal como quando os profetas do Antigo Testamento representavam as suas ações simbólicas, aparentemente absurdas, através das quais Deus enviava as suas mensagens – Ezequiel abrindo um buraco na muralha e saindo por ele com uma bagagem de exilado no ombro,[2] o seu estranho cozido[3] ou o seu jogo de varas?[4] Porventura não parecera suficiente a Nietzsche enviar ao mundo a mensagem da morte de Deus através do seu *louco* do livro *A gaia ciência? Talvez ele próprio tivesse de se tornar louco* para gritar ao mundo, não só através dos seus escritos, mas também através do seu destino: Que é feito de Deus? Como é possível que a sua ausência vos deixe frios e indiferentes? Quem assumirá a responsabilidade por aquilo que fizemos? O que ocorrerá agora? Para que é que o tempo está maduro?

Ao longo de toda a sua vida e de todo o seu trabalho, Nietzsche foi um Dom Quixote, o cavaleiro da triste figura. Mesmo que não concordemos com as respostas que ele obteve no decorrer da sua campanha, que terminou de forma tão estranha, pelo menos não devemos ignorar as questões que o levaram a procurá-las.

Quando as pessoas não conseguem encontrar as respostas certas, as questões que deixam atrás de si devem ser ainda mais um ousado desafio para nós! Quando ouço dizer quão rapidamente muitos cristãos deixam

---

[2] Cf. Ez 12,1-16.
[3] Cf. Ez 24,1-14.
[4] Cf. Ez 37,15-28.

Nietzsche de lado, e com que precipitação explicam a sua crítica radical do Cristianismo como resultado da sua loucura, explicando por vezes a sua loucura como sendo um castigo divino, digo para comigo: *É Sancho Pança que está falando por meio deles* – Sancho que, *sem Quixote*, não passa de um tonto ignorante.

A mensagem sobre a morte de Deus – como referimos atrás – foi colocada na boca de um *louco*; afinal, os loucos eram os únicos a quem se permitia falar a verdade, até mesmo nas cortes reais. Pouco antes da sua morte, a filósofa Simone Weil, uma grande buscadora de Deus – e cuja morte foi atribuída, pelo médico legista, a seus atos enquanto o "equilíbrio da sua mente" estava perturbado –, incluiu em uma carta dirigida aos seus pais uma reflexão magnífica sobre o papel dos loucos como mensageiros da verdade nas peças de Shakespeare e sobre os olhos sábios e tristes do anão louco Sebastian de Morra, da famosa pintura de Velázquez, conservada no Museu do Prado: "Neste mundo, só as pessoas que caíram no mais baixo grau de humilhação, muito abaixo da mendicidade, que não só não são minimamente consideradas, em termos sociais, mas que são vistas por todos como estando privadas dessa primordial dignidade humana que é a própria razão –, só essas pessoas, com efeito, são capazes de dizer a verdade. Todas as outras mentem. A pior tragédia do louco é que ninguém o escuta, que ninguém o leva a sério, que ninguém reconhece que ele fala a verdade. Conhecer a verdade à custa de uma profunda degradação, ser capaz de falar a verdade sem ser ouvido por ninguém... será esse o mistério daqueles olhos tão tristes?".[5]

"Desequilíbrio mental", foi assim que o médico do Hospital de Middlesex, em agosto de 1943 – em plena loucura da guerra –, explicou a razão pela qual a doente Simone Weil se recusava a comer. Mas não haverá

---

[5] Cf. SIMONE WEIL, *Seventy Letters*, trad. Robert Rees, Londres, Oxford University Press, 1965.

alguma coisa de simbólico nas mortes de Teresa de Lisieux, Nietzsche e Simone Weil, fossem quais fossem os diagnósticos dos médicos? A fome – uma fome de Deus e, literalmente, uma fome de sacramentos, de Batismo e de Eucaristia – foi um tema que impregnou os últimos escritos de Simone Weil. Embora ela própria tivesse escrito passagens sublimes sobre os sacramentos, recusou o Batismo até o último momento. Desejava permanecer conscientemente na "antecâmara da Igreja", dizendo que estava mais preparada para morrer pela Igreja do que para aderir a ela. Negava a si própria aquilo por que ansiava. Estava convencida de que a fome do anseio pode aproximar mais uma pessoa da graça, como fazem os sacramentos. Numa reflexão profunda sobre o mistério da Páscoa, ela permanece no silêncio do Sábado Santo, escrevendo que a própria cruz lhe basta.

Os seus amigos íntimos interpretaram a sua vida e o mistério da sua morte de forma diferente do médico que a tratava. Richard Rees escreveu que a sua recusa em comer foi um ato suicida, no sentido de que se pode descrever como atividade suicida a recusa de alguém em entrar num salva-vidas, a fim de dar lugar a outros.

Ao diagnóstico de "desequilíbrio mental" adiciona a interrogação sobre se Simone Weil não teria de fato passado toda a sua vida lutando para estabelecer novamente o equilíbrio, para contrabalançar aqueles cujas mentes eram *demasiado* "equilibradas", quando, na realidade, eram indiferentes e centrados em si próprios.

Talvez a sua *loucura* – a sua recusa em aceitar um alimento físico ou espiritual, a sua permanência no limiar, sempre "à espera de Deus" (que também é o título do seu livro mais conhecido) – também constituísse uma espécie de mensagem profética, um espelho colocado diante do nosso mundo, precisamente no meio dessa longa e louca noite de massacre, "longe de todos os sóis".

Um dos pais da psicologia da religião, o filósofo americano William James, estabeleceu a distinção entre dois tipos de seres humanos: as "almas doentes" e as "pessoas mentalmente saudáveis", indicando que cada um desses tipos humanos tem um caminho diferente para Deus – as pessoas "mentalmente saudáveis", mediante a gratidão pela harmonia do mundo, as outras, geralmente, através de uma crise que lhes dá a oportunidade de "renascer". As três figuras que reencontramos de novo neste capítulo deveriam certamente ser classificadas por James como "almas doentes", que ele próprio também era, mas, provavelmente, não só pelo fato de ele as considerar mais interessantes e profundas do que as pessoas da outra variedade, "sem problemas".

Nenhuma das três, porém, durante a sua *noite*, à beira da morte, dá provas de qualquer tipo particular de conversão ou de "renascimento". Tanto quanto podemos ajuizar, Teresa perseverou no seu amor apaixonado por Deus, que sobreviveu até o eclipse da sua fé. Nietzsche continuou a lutar apaixonadamente com Deus. Por último, Simone, manteve-se faminta e apaixonadamente à espera [de Deus].

Por fim, foram encontrados estes três caminhos? Foram interceptados – embora, segundo a nossa perspectiva, possam parecer paralelos e não paralelos – no *Ponto Ômega*, que suscitou tanta paixão nas vidas de cada um deles, ainda que de formas diferentes? Só no caso de Teresa nos é garantido pela Igreja (pela sua veneração contínua e pelo seu ato de canonização) que o caminho da mesma terminou de fato no abraço de Deus; a Igreja não nos pode dizer nada acerca dos outros dois. Deus, porém, tem os seus favoritos, cujos nomes são cuidadosamente guardados *in pectore*, na intimidade do seu coração, sem os divulgar sequer à Congregação Romana para as Causas dos Santos.

Encomendemos o destino eterno não só desses dois, mas de muitos outros seres humanos (sob determinados aspectos) semelhantes – bem como o destino das suas mensagens, buscas, lutas, expectativas e interrogações –, à intercessão de São Zaqueu.

CAPÍTULO 12

O eterno Zaqueu

Talvez os anteriores apócrifos sobre Zaqueu e a sua vida subsequente estivessem imbuídos de um otimismo demasiado simplista como conclusão de um livro que, sob tantos aspectos, argumenta contra respostas simplistas, para complicadas interrogações espirituais. Urge encontrar outro diferente, mais complexo.

Suponhamos que o nosso amigo Zaqueu não tenha demorado assim tanto tempo para começar a esquecer o seu encontro com Jesus, mas que o esqueceu muito depressa, para dizer a verdade, ainda antes de ter conseguido encontrar todos aqueles a quem defraudara e de lhes pagar como prometera. Depressa lhe ocorreu que aquilo que declarara diante de Jesus e dos seus vizinhos era demasiado radical... Ou seja, que fora um pouco precipitado naquele momento: essas coisas podem acontecer, não é verdade?! E assim, pouco a pouco, Zaqueu retomou a sua antiga forma de vida.

Só nos seus últimos anos de vida, num dos dias de arrependimento entre *Rosh Hashanah* – a festa de Ano-Novo – e *Yom Kippur* – o Dia do Perdão –, é que ele se lembrou de todas as suas antigas intenções e resoluções, mas tomara-as há tanto tempo, que era quase tarde demais para poder restabelecer aquilo que negligenciara. Por isso, caiu por terra diante do Senhor, pedindo-lhe que lhe impusesse uma penitência adequada.

Deus é misericordioso – e, além disso, Zaqueu também é filho de Abraão. Por isso, impôs-lhe uma penitência... que levaria muitos séculos a cumprir. Tal como Assuero, ele seria forçado a vaguear pelo mundo, de cidade em cidade, de refúgio em refúgio e, quando chegasse a algum lugar novo, devia escutar atentamente, a uma certa distância, tudo o que se passava à sua volta e aquilo que diziam as pessoas. A sua libertação ocorreria *no momento em que ele reconhecesse, sem hesitar, a voz de Cristo entre as demais vozes.*

Pobre Zaqueu... Quantas coisas teve de ouvir ao longo desses séculos! Todos os falsos profetas com que cruzou, alguns dos quais até invocavam o nome de Jesus, alguns dos quais falavam de modo tão convincente que o homenzinho esteve quase para se debruçar do alto da sua nova figueira – mas havia sempre alguma coisa que detinha a mão que se preparava, ansiosa, para se agarrar a um ramo e descer, e alguma coisa no seu interior que lhe dizia: Ainda não é ele! Ainda não é a voz profunda e pura de Cristo, tal como eu a ouvi daquela vez em Jericó! Tens de continuar a esperar! E assim ele obedecia e esperava, esperava, continuando a escutar uma e outra vez.

Que teria ele escutado na nossa época?

Há um colégio em Roma, onde vivi durante algum tempo. Entre a comunidade de seminaristas e padres encontrava-se um padre muito idoso, quase cego e surdo. Passava a maior parte do tempo na capela em silencioso ensimesmamento – tanto podia ser uma meditação profunda como um sono ligeiro, ninguém o sabia ao certo. De tempos em tempos – a maior parte das vezes num momento completamente inesperado –, quebrava o silêncio com algumas palavras, que poderiam suscitar um debate sobre se tratar de um oráculo ambíguo, de espírito profético, ou um sinal evidente de senilidade. Durante uma celebração na capela, em que a leitura do Evangelho terminou com a pergunta de Jesus: "Mas, quando o Filho do Homem voltar, encontrará a fé sobre a terra?", ouvimos, vinda das profundezas, do monólogo meditativo do velho padre, a sua resposta em voz alta: "Muito pouca, muito pouca!".

Nessa ocasião, por entre as gargalhadas dos seminaristas presentes reprimidas a custo, ocorreram-me várias perguntas desanimadoras: E se, no fim dos tempos, Jesus encontrasse na terra *uma Igreja*, mas sem *fé*? E se ele encontrasse cem atraentes escolas de *espiritualidade*, mas não aquilo que realmente lhe interessa, *a fé*?

Talvez as deambulações do penitente Zaqueu o levem, agora, até as instalações das Igrejas, das religiões e dos movimentos espirituais, mas em nenhuma delas consiga ouvir a voz de Cristo, a voz pura de que tão bem se lembra...

Encontrará Cristo a fé sobre a terra? Nem que seja uma "pequena" fé...

Num dos meus livros anteriores, apelei a uma "pequena fé" contra uma "grande fé".[1] Foi assim que interpretei, de forma provocatória (para legítimo horror de muitos exegetas), a resposta de Jesus ao pedido dos discípulos de que "lhes aumentasse a fé", quando ele se refere a uma fé do tamanho de uma semente de mostarda.[2] Nesse livro, perguntei: Não estará Jesus dizendo a eles e a nós – sobretudo a nós – que a nossa fé é "demasiado grande" e que só se tornará capaz de feitos notáveis *se se tornar tão pequena como uma semente de mostarda*?

Não será a nossa fé *demasiado grande* (bem como demasiado pesada e inflexível), no sentido de que está carregada com demasiados conceitos e ideias, de que é *demasiado humana*? Talvez só se torne uma fé verdadeiramente viva, quando se transformar na *fé de Deus* – porque aquilo que é de Deus parece sempre pequeno, fraco e louco neste mundo. De fato, não terá Deus tornado louco aquilo que é grande, forte e firme aos olhos do mundo?[3]

Talvez a fé que Deus prefere seja "pequena" segundo os padrões humanos, talvez seja a fé nua de São João da Cruz ou a caminhada infantil de Teresa de Lisieux (que foi precisamente o oposto da infantilidade, como já referi). E – quem sabe? – talvez o Deus que aceitou as duras acusações de

---

[1] Tomáš Halík, *Noc zpovědníka* [*Noite do confessor*], Praga, 2005, pp. 28-34.
[2] Cf. Lc 17,5-6.
[3] Cf. 1Cor 1,24-28.

Jó ou os golpes desferidos por Jacó naquele combate noturno tenha sentido certo deleite na contenda em que Nietzsche e muitos outros entraram contra ele? Talvez até tenha aceitado o que estava escondido algures nesse grito aparentemente blasfemo, mas de fato completamente sincero e doloroso, do homem que o procurava em vão naquela noite de dor, após a morte da sua neta.

Aquilo que Jesus tinha a dizer sobre o Juízo Final garante-nos que Deus aceitará a fé *implícita e anônima*, manifestada através de *atos de misericórdia*, ao serviço dos sofredores e dos necessitados, a fé daqueles que, como nos diz o apóstolo Tiago, *demonstrarão a fé que têm pelas suas obras* (Tg 2,18). É óbvio, pela descrição de Jesus, que os justificados também incluirão aqueles que não realizam esses atos especificamente por causa dele, que não têm qualquer motivo "piedoso" – fazem-no apenas pelos sofredores em si. Não reconhecem Jesus neles e, talvez, nem sequer tenham ouvido falar dele, ou nunca tenham ouvido falar dele de uma maneira pela qual pudessem ingressar de forma explícita na família visível daqueles que o adoram. Por isso perguntarão, *surpresos*: "Senhor, quando é que te vimos?", e Cristo, que nunca deixa de nos surpreender, surpreendê-los-á – e então, com o resultado oposto, surpreendê-los-á com a sua resposta à mesma pergunta feita por aqueles que nunca cessam de invocar o seu nome, mas que não o conseguem ver nos sofredores e nos necessitados.[4]

Porventura existem outras formas de fé "implícita" ou "anônima" que também pudessem ter esperança de garantir um lugar à direita de Cristo àqueles que a vivem? Não é ele que oculta grandes coisas nas pequenas coisas e que mostra a sua força nos fracos, de algum modo também presentes na fé daqueles em que esta consiste apenas em uma busca, em uma fome insaciada de verdade e de sentido, e de interrogações incessantes? Não estará na fé dos Zaqueus, que continuam ocultos nos seus esconderijos, espreitando de forma muito discreta? E na fé que toma simplesmente a forma de um desejo não articulado? E na fé que encerra mais tremor do

---

[4] Cf. Mt 25,31-46.

que firmeza, mais perguntas do que respostas, mais dúvidas do que certezas? E também na fé que já está cansada da sua caminhada interminável... quando a meta ainda não se vê por lado nenhum?

E se quiséssemos regatear com o Senhor, como Abraão por causa de Sodoma,[5] porventura não encontraríamos certo tipo de "fé anônima e implícita" em várias mulheres e homens que se envolvem com sinceridade em apaixonadas disputas com Deus, com as Igrejas e com a religião, uma fé que – para sua surpresa – será aceitável aos olhos de Deus? E se pelo menos dez deles forem encontrados aí?

No crescendo final do seu hino ao amor, São Paulo escreve que o amor é paciente.[6] Sim, e a fé também é paciente, se for realmente fé. Com efeito, a fé *é* paciência. Assim como o amor por outra pessoa – a sua força e autenticidade – se manifesta e revela na paciência para com o outro, a *fé* também está presente (embora oculta, implícita e anônima) em certa forma de paciência perante todas as dificuldades, agruras e ambiguidades. E é nessa paciência – e talvez acima de tudo no que ela encerra – que a sua força e autenticidade se manifestam.

Sim, talvez a autenticidade da fé se revele mais através da sua paciência do que através do seu "conteúdo" consciente – ou seja, como e o que ela é capaz de dizer precisamente sobre o seu "objeto". "A paciência tudo alcança", nisso acreditava e isso ensinava Santa Teresa de Ávila, outra grande e sábia doutora da Igreja. "Pela vossa perseverança salvareis a vossa vida", diz a Escritura. Hoje em dia, a fé é muito mais apresentada como uma decisão consciente de seguir Cristo – tomada por vezes no ambiente emotivo de manifestações "carismáticas". Contudo, não requer apenas uma decisão, mas também perseverança e paciência perante aquilo que virá mais tarde.

---

[5] Cf. Gn 18,22-33.
[6] 1Cor 13,4.

Se a paciência é aquilo que confere a sua força à fé, poderá constituir apenas um aspecto marginal da mesma? Não será a paciência precisamente aquela abertura através da qual a *graça de Deus* é derramada na nossa fé, como causa primeira da nossa salvação – e não será essa graça, de fato, a paciência do seu amor por nós, a paciência da sua confiança em nós? Não será a paciência da fé humana a lareira em que Deus pode atear o fogo do seu Espírito e forjar de novo a "fé humana" como *a fé de Deus*, mesmo muito pequena e quase invisível aos olhos do mundo, mas capaz de fazer milagres?

Ou será mais correto dizer que ele sempre esteve escondido, até mesmo nas formas *mais humanas* da nossa busca, interrogação e observação – desde que estas fossem feitas com *paciência* –, e que, de fato, ele nos ofereceu sub-repticiamente essa *graça da paciência*, que eventualmente nos permitirá descobrir e reconhecer o [Deus] oculto e ouvi-lo quando ele nos chama pelo nome?

Em última análise, a paciência que praticamos perante os enigmas constantes da vida, resistindo à tentação de desertar e de recorrer a respostas simplistas, é sempre *a nossa paciência com Deus*, que não se mostra "acessível". Mas o que é a fé, senão essa abertura perante o ocultamento de Deus, o arrojado "sim" (ou, pelo menos, o desejoso "talvez") da nossa esperança na quietude profunda do silêncio de Deus, essa chama pequena, mas persistente, que volta a atear-se uma e outra vez das cinzas da resignação, até durante as noites mais longas, escuras e frias? No Cristianismo é impossível separar a fé da esperança, e a paciência é o seu atributo e fruto comum.

Se Deus usa dessa paciência conosco, poderemos recusar-lhe a nossa própria paciência da fé, da esperança e do amor, com todas as limitações da nossa fragilidade humana – até naqueles momentos em que não recebemos toda a certeza e o conforto que talvez pudéssemos desejar, em momentos de vazio e escuridão, em que não há alternativa senão esperar ou desertar do caminho da esperança?

Até o mundo misterioso e paradoxal da fé é formado de tal modo que aquilo que muitas vezes nos parece ser periférico, quando visto de fora, se revela – quando já estamos dentro – surpreendentemente próximo do centro. O templo da fé também pode ocultar lugares escuros e vazios até nas suas zonas mais sagradas, assim como havia um "santo dos santos" escuro e vazio no centro do Templo de Jerusalém – e era precisamente aí, *no seu interior*, que Deus e a sua glória habitavam mais plenamente.

"Esperar em Deus" não acontece apenas na "antecâmara da fé"; pelo contrário, também pertence ao próprio coração da fé.

Simone Weil – que, como já referimos, foi, até o fim, uma daquelas pessoas que "simplesmente" observam e esperam – escreveu uma frase encantadora e muito espirituosa: "Um dos mais excelentes prazeres do amor humano – servir o ser amado sem que ele o saiba – só é possível, no que diz respeito ao amor de Deus, através do ateísmo".[7]

Na minha primeira leitura superficial dessa frase, pensei que esta se referisse a "cristãos anónimos" e a seu amor "implícito" a Deus; contudo, logo me apercebi de que se referia, antes, ao amor do próprio Deus – que requer intimidade e discrição e que gosta de nos surpreender, ocultando-se no anonimato. Simone deixa-nos na dúvida, se estaria pensando no amor de Deus, que Deus manifesta (anonimamente) aos ateus – e Deus também se alegra com o fato de que, apesar de eles sempre o terem ignorado, acabará por surpreendê-los na etapa final da sua caminhada – ou se estaria pensando na graça que Deus manifesta sub-repticiamente ao mundo através dos ateus, ocultando-se sob uma forma em que nós não o procuraríamos.

Ou talvez uma coisa esteja ligada à outra: Deus está oculto dentro dos ateus, tanto aos seus próprios olhos como aos olhos do mundo, de tal modo que, no fim dos tempos, ele dará termo a esse jogo de esconde-esconde,

---

[7] SIMONE WEIL, *First and Last Notebooks*, trad. Richard Rees, Londres/Nova York, Oxford University Press, 1970, p. 84.

permitindo que os ateus se alegrem ao descobrir que ele sempre esteve presente nas suas vidas, que eles praticaram o bem através dele e através do seu poder (oculto) – e o mundo (incluindo os cristãos) ficará surpreendido e gratificado ao descobrir que aquilo com que os ateus por vezes se surpreendiam era, de fato, um dom e uma "mensagem codificada" de Deus, era a sua misteriosa presença dentro deles.

Sim, acreditar em um Deus que não vemos também significa, no mínimo, esperar que ele esteja onde nós não o podemos ver e, muitas vezes, onde estamos absolutamente convencidos de que ele não está nem poderia estar.

Certa noite, depois de uma conversa extremamente longa e muito cansativa com um rapaz que, tal como eu, durante anos não se conseguira decidir sobre se acreditava ou não em Deus – e, acreditando, se a sua fé seria suficiente –, disse-lhe: "Sabes, não é tão importante ter a certeza de que acreditas em Deus. Com efeito, o mais importante não é se *tu* acreditas nele. O fundamental é que *Deus acredita em ti*. E talvez, neste preciso momento, seja suficiente para ti ter consciência disso".

Embora não tivesse citado nenhum dos clássicos, estou certo de que aquela frase já fora utilizada por mim muitas vezes nos confessionários, embora não tenha certeza se terá produzido o mesmo sentimento de alívio – que então produziu naquele rapaz – nesses anteriores e persistentes buscadores, que tantas vezes ainda estavam demasiado centrados no seu interior e *na sua própria* busca.

A fé não é algo que fazemos, a fé é confiança; na nossa fé, não deveríamos levar muito a sério nem nós próprios, nem o grau do nosso conhecimento ou as formas da *nossa* convicção; em vez disso, deveríamos levar Deus muito a sério. Até na busca religiosa é possível que as pessoas se extraviem fatidicamente, se estiverem tão absorvidas em *sua própria* busca *que ignorem o fato crucial* de que Deus já está à procura delas.

O encontro no coração da fé é possível porque *Deus acredita em nós*, porque ele acredita em nós com a sua fé divina – ou seja, apaixonada, embora paciente. Isso não significa, obviamente, que *ele acredita na nossa existência* – do mesmo modo que a fé, que ele espera de nós, é algo diferente e mais profundo do que a nossa convicção de que ele *existe*. Também não significa que ele está convencido do nosso virtuosismo e conta com o nosso bom comportamento. Não confundamos a afirmação de que Deus acredita em nós com aquilo que os pais dizem aos seus filhos, antes de um exame ou de uma saída escolar – "Eu acredito em você" ou "Nós acreditamos em você" – porque essa expressão de som tão agradável pode, muitas vezes, implicar um misto de encorajamento e de chantagem moral; como é fácil que se transforme na temida censura: "E nós, que acreditávamos tanto em você!".

A fé e a confiança incondicionais de Deus em nós criam o espaço da nossa liberdade. Deus dá-nos liberdade, embora conheça perfeitamente o modo como lidamos e continuamos a lidar com ela. Com efeito, ele conhece e permite até os resultados mais trágicos da forma como tratamos o seu dom. Ele demonstra quão ilimitada e incondicionalmente honra a nossa liberdade.

Com efeito, em última análise, a própria *possibilidade* de condenação é nada mais do que a expressão consistente do respeito de Deus pela nossa liberdade, e se essa terrível possibilidade se tornasse realidade para algum ser humano (algo de que, felizmente, não podemos estar certos em relação a ninguém), isso indicaria que o respeito de Deus pela nossa liberdade é ainda maior do que a sua infinita misericórdia.

Citei atrás as palavras de Mestre Eckhart, segundo o qual "o olhar com que nós vemos Deus é *precisamente o mesmo olhar* com que Deus nos vê a nós". Poderá esta frase aplicar-se também por analogia à fé, de tal modo que possamos dizer que a fé com que nós acreditamos em Deus é a mesma fé com que Deus acredita em nós?

Não, não estou tentando afirmar categoricamente que a fé de Deus em nós é limitada pela capacidade da nossa fé, e que a sua fé é, portanto, contingente (e, por isso, também muito pequena, deveríamos acrescentar!). Isso seria pura blasfêmia. A *pequena fé* de que falamos há pouco é, pelo contrário, "a fé de Deus", que só é *pequena* na perspectiva do nosso mundo.

Também lemos, acerca do amor – que é, afinal, irmão da fé –, que Deus nos amou antes do nosso amor por ele, pois nos amou "quando ainda éramos pecadores",[8] que ele – e o seu amor, porque ele é Amor – "é maior do que o nosso coração".[9] Assim como o seu amor precede o nosso e como dele deriva toda a capacidade do nosso amor, também – segundo creio – a sua fé precede a nossa e sustenta a nossa fé, permitindo que ela exista e estando presente dentro dela. O próprio Deus está presente na nossa fé: a teologia tradicional expressa esta verdade com as palavras "a fé é graça".

Mas, precisamente, devido a essa presença misteriosa, estou convencido de que a nossa fé é mais do que aquilo que podemos ver, experimentar ou imaginar. Se ele está presente na nossa fé, também está muitas vezes oculto nela, ou transcende-a, pura e simplesmente – transcendendo aquilo que inferimos acerca da nossa fé, aquilo que "vemos" nela, a forma como a entendemos (para não falar daquilo que inferimos sobre a fé dos outros!).

Se a nossa fé contém a ele, que é maior do que tudo aquilo que possamos imaginar, e se a nossa fé humana é "maior" do que aquilo que vemos, então, o grande Deus poderá ser de *algum modo* oculto, até mesmo na nossa fé que parece tão *pequena* (aos olhos dos outros e, por vezes, aos nossos próprios olhos), bem como na nossa busca e nos nossos combates. Porventura não temos, afinal, inúmeras provas de que Deus ama os paradoxos?

Um dos grandes buscadores, Franz Kafka, natural de Praga, deixou-nos uma obra cheia de enigmas e de paradoxos. Tenho retomado, vezes sem conta, a leitura dos seus livros, desde o meu tempo de liceu, e cada vez descubro sempre alguma coisa nova neles. Entretanto, há muito que deixei

---

[8] Cf. Rm 5,8.
[9] Cf. 1Jo 3,20.

de me interrogar: "O que é que o autor teria em mente?". Os livros existem independentemente da intenção do autor, e estão abertos a todas as interpretações e associações mentais, que evocam progressivamente em nós, à medida que vamos vivendo novas experiências históricas e novas fases das histórias da nossa própria vida, as nossas próprias *provas*, o nosso próprio tempo de espera, fora dos portões fechados do castelo.

Seriam *O processo* e *O castelo* textos acerca do destino da humanidade, perdido e recuperado febrilmente perante o caráter incompreensível da máquina alienada da moderna sociedade burocrática, ou teriam um significado muito mais profundo? Seriam uma expressão do desespero humano ante o inacessível silêncio de Deus, delimitado pelos muros impenetráveis e pelas portas trancadas da Lei – portas que o apóstolo Paulo tentou atravessar, quando declarou que nos aproximamos do trono da graça, não através da Lei, mas através da fé, e que Nietzsche tentou arrombar pela sua crença de que o Deus da Lei estava morto e de que nós tínhamos sido libertados? Não será um relato de como Josef K. – ou seja, *qualquer pessoa* – é culpado, culpado de levar uma vida vazia à superfície dos seus dias, sem amor nem responsabilidade, da forma como desperdiçou a oportunidade de reconhecer a sua culpa (e não é desculpa que esse "justo processo" estivesse codificado em fatos absurdos e sordidezes mesquinhas, qual pesadelo confuso e delirante)?

Porventura a descrição de *O processo* e *O castelo* reflete o ensinamento cabalístico sobre como os seres humanos são constantemente julgados e de que forma as fases iniciais do juízo celeste já têm lugar na terra e estão invisivelmente entretecidas na nossa vida cotidiana? Seria uma profecia clara dos julgamentos absurdos a que os inocentes em breve seriam sujeitos na máquina horrenda e implacável do nazismo e do comunismo? Ou, em certo sentido, será que todas estas interpretações possíveis são legítimas e as obras de Kafka estão tentando dizer-nos algo difícil de aceitar – algo tão repelente como as palavras dos profetas do Antigo Testamento, quando diziam que a mão de Deus estava por detrás das catástrofes que atingiam o povo de Deus –, nomeadamente, de que aquilo que preparou o caminho para os pesadelos odiosos do século XX foi, precisamente, a vida desenraizada, superficial e displicente do *Alguém* semianônimo da era moderna?

No romance *O processo*, um dos livros mais importantes do século XX, deparamos muitas vezes com episódios que são claramente fundamentais para a compreensão da mensagem de toda a obra. Não poderão eles inspirar algumas das nossas meditações sobre o tema de Zaqueu?

Kafka coloca a parábola seguinte na boca de um padre, que abordou surpreendentemente Josef K. *pelo nome*, na catedral onde K. tinha ido à procura de uma pessoa completamente diferente.

> Há um homem sentado diante da porta da lei, que tenta há vários anos entrar, mas sem nunca conseguir. A porta está guardada por um poderoso porteiro, segundo o qual depois dele virão outros porteiros ainda mais poderosos do que ele. Neste momento, a vida do "homem do campo" está se apagando e o seu tempo de espera está chegando ao fim, e ele pede ao porteiro, com a força que ainda lhe resta, que responda a uma única pergunta: Se toda a gente quer ter acesso à lei, porque é que, ao longo de todos estes anos, só eu te pedi para me deixares passar? E o porteiro responde ao moribundo: Porque esta porta estava destinada apenas a ti. E agora vou fechá-la.

Regressemos ao nosso terceiro apócrifo: Zaqueu, o penitente.

Imaginemos que *também* Zaqueu já está morto de cansaço de tanto deambular e esperar em vão. Mais uma vez não aproveitou *Rosh Hashanah*, e *Yom Kippur* está novamente à porta. Durante os dias do perdão, Zaqueu prepara-se para devolver a vida ao Senhor, mas com a sua missão por cumprir. Contudo, sente-se perturbado, interrogando-se sobre a razão de não o ter conseguido. Não sabe o que é que poderá ter menosprezado ou o que é que não terá conseguido escutar. Onde terá ele falhado? Então, nesse preciso momento – precisamente na véspera do Dia do Perdão –, eleva-se de súbito uma voz do seu coração, mas não a mesma que sempre o retivera cada vez que ele fizera menção de anunciar o cumprimento da sua missão. Desta vez, era realmente a voz de Cristo, sempre inconfundível.

> "Zaqueu" – diz o Senhor – "o teu nome significa puro", e desta vez tornou-se para ti uma armadilha, nesta etapa da tua caminhada. Tu próprio tornaste a tua missão mais dura do que aquela que te fora atribuída – como daquela vez em que prometeste dar uma recompensa maior do que a justiça exigia, e superior àquela que serias capaz de oferecer. E desta vez, também, a tua decisão obstinada de tornar os requisitos mais rigorosos não foi por um amor generoso, mas caíste na tentação daquele que sempre falsifica os mandamentos de Deus, tornando-os mais restritivos, daquele que tentou persuadir Adão e Eva de que Deus os proibira de comer de todas as árvores do jardim do Éden, a fim de suscitar neles o desejo de comerem da *única árvore* proibida. Tu próprio insististe que tinhas de ouvir a minha voz na sua absoluta *pureza*, sem mistura de quaisquer fraquezas humanas, dúvidas e necessidade de busca. Contudo, a minha voz nunca foi ouvida dessa maneira na história humana, desde o dia em que subi ao céu. As minhas palavras, o meu legado e o meu nome são confiados aos lábios de pessoas que nunca são completamente puras, a corações em que o amor por mim está sempre misturado com o amor pelo seu ego e pelas coisas deste mundo. Entreguei-me à fé da minha Igreja, que é formada por pecadores, não por anjos, e também estava naqueles que continuam longe das suas portas visíveis, daqueles que estão sujos e transpirados pela sua busca e pelo seu deambular ao longo de caminhos cheios de interrogações e de dúvidas. A esses é que devias ter escutado em primeiro lugar; era sobretudo neles que me devias ter procurado.
> E há ainda outra coisa. A fé – se for uma fé viva – tem de respirar; ela tem os seus dias e as suas noites. Deus não fala apenas através das suas palavras, mas também através do seu silêncio. Ele fala às pessoas não só através da sua proximidade, mas também através do seu afastamento. Tu esqueceste-te de

escutar a minha voz nos que experimentam o meu silêncio, a minha distância, nos que olham do outro lado, do vale das trevas, para o monte do meu mistério, escondido numa nuvem. Aí é que me devias ter procurado. A esses é que devias ter acompanhado, fazendo-os aproximar-se um pouco mais do limiar de minha casa. Era essa a porta *especialmente* preparada *para ti*.
Zaqueu, então, cai de rosto por terra e desata a chorar. E Zaqueu, o cobrador de impostos, diz: "Senhor, aquilo que me deixou confundido na minha caminhada também foi o orgulho que eu nunca quis admitir. Eu sempre exigi muito de mim mesmo, mas nunca fui capaz de o cumprir. E como não era capaz de admiti-lo, também era exageradamente exigente com os outros. Não ouvi a tua voz neles, porque desprezava a sua imperfeição, a sua *impureza*. E embora fosse incapaz de admiti-lo, ao fazê-lo estava julgando-os e subjugando-os. Era mais ou menos como se dissesse: "Obrigado, Senhor, porque eu, Zaqueu, o cobrador de impostos, não sou como o resto dos homens, não sou como o fariseu". Perdoa-me, Senhor.

E como Zaqueu, afinal, também é filho de Abraão, que foi novamente encontrado, o Senhor diz-lhe: "Desce da árvore do orgulho, Zaqueu. Hoje, para variar, tens de vir cear comigo em *minha* casa. Só podes entrar em minha casa na companhia dos outros; não há uma porta só para ti. *Agora vou abri-la*".

Rua Dona Inácia Uchoa, 62
04110-020 – São Paulo – SP (Brasil)
Tel.: (11) 2125-3500
http://www.paulinas.com.br – editora@paulinas.com.br
Telemarketing e SAC: 0800-7010081